JELENA
WEBER

# DER AUFRÄUM-KOMPASS

*Sauber machen, Ordnung schaffen, Ordnung halten: Die besten Strategien für ein schönes Zuhause*

# INHALT

# VORWORT

Oooops – wo sind denn die Sneakers, die ich heute anziehen will? Und mein Schlüssel? Und der Einkaufsbeutel? Und wieso liegt hier schon wieder so viel herum? Und was ist das überhaupt mit diesem Brief? Welcher Brief? Ich weiß gar nichts von einem Brief …

Hilfe!! Kennst du das auch – dass der Alltag immer unübersichtlicher wird? Dass du vor lauter Chaos ganz gestresst bist, wenn du am Abend heimkommst und doch am liebsten nur relaxen möchtest? Und genau weißt: Eigentlich müsstest du noch aufräumen und putzen?

Ehrlich: Ich kenne das zu gut! Und war irgendwann davon so genervt, dass ich begann, Ordnung in meinen Alltag zu bringen, in meine Wohnung und meinen Haushalt. Und was dann passierte, war wunderbar: Mein Leben insgesamt wurde viel leichter! Einfacher und entspannter mit jedem Stück, das ich aussortierte, weggab und loswurde. Und ich merkte: Ich spare damit nicht nur jede Menge Zeit, sondern sogar Geld. Und Nerven!

Seither sind Ausmisten, Ordnen und Sortieren für mich zu einem Kompass für ein aufgeräumtes, leichtes und entspanntes Leben geworden. Man muss dafür überhaupt kein Ordnungsfanatiker sein. Und sollte es auch gar nicht werden! Ich habe durch diesen Schritt nur von Grund auf gemerkt, welches meine Bedürfnisse und Prioritäten sind und was mir im Leben wirklich wichtig ist – und was nicht.

Deine Wohnung und dein Haushalt spiegeln deine Seele wider. Eine aufgeräumte Wohnung bedeutet meist auch eine aufgeräumte Seele. Und genau das wünsche ich dir! Deshalb habe ich hier alle Tipps, Erfahrungen und Tricks zum Ausmisten, Aufräumen, Ordnen und Putzen zusammengestellt, die mir geholfen haben, mich in meinem Leben wieder so richtig zu Hause zu fühlen. Diesen Kompass gebe ich gerne an dich weiter – er wird dich begleiten auf einem neuen, leichteren Weg wie ein guter Freund. Viel Freude und Erfolg damit!

Jelena

# MEIN KOMPASS FÜR EIN AUFGERÄUMTES LEBEN

Unser Leben verändert sich mit jedem Tag und jedem Jahr. Unsere Bedürfnisse verändern sich, unser Lebensstil, die Familienverhältnisse ... Doch egal, was kommen mag: Was sich nicht verändert, sondern bleibt, ist immer dieser Haushalt, der gemacht werden muss und der fast niemandem Spaß macht. Oft werden wir auch betriebsblind gegenüber all dem, was sich in unserem Hausrat befindet, und wissen gar nicht mehr, wohin mit den vielen Sachen, die wir angehäuft haben – und immer noch weiter anhäufen. Und so sind wir immerzu damit beschäftigt, einen Kampf gegen Windmühlen zu führen und das Chaos in Schach zu halten, ohne jemals darüber nachzudenken, dass wir eigentlich grundlegend etwas ändern müssten, um unser Leben zu erleichtern – im buchstäblichen wie übertragenen Sinn. Oft wählen wir dann den vermeintlich einfachsten Weg, um Ordnung zu schaffen – und überlegen uns, wie wir all die vielen Dinge am besten unterbringen und verstauen könnten. Dabei übersehen wir, dass wir zuerst einen ganz anderen Schritt gehen müssen: nämlich uns zu überlegen, welches Leben wir führen möchten und wie unser ideales Umfeld aussehen soll, damit wir den Haushalt nicht mehr als belastend empfinden.

***Entspannt an die Sache rangehen***

Mit den Dingen des Lebens verändert sich auch unser Bedürfnis, aufzuräumen. Deshalb ist es wichtig, immer mal wieder zu überlegen, wie sich das tägliche Ordnunghalten und Aufräumen, kurz: unser Verhältnis zu den Dingen, am einfachsten und angenehmsten gestalten lassen. Und obwohl ich mich viel mit dem Thema Aufräumen und Ausmisten beschäftige, ist es beileibe nicht so, dass ich Lust darauf hätte, mir diese Notwendigkeiten den ganzen Tag über an die Backe zu kleben. Im Gegenteil: Ich beschäftige mich mit dem Thema deshalb so gern, weil es der beste Weg ist, mir und anderen diese Arbeiten und Alltagspflichten zu erleichtern!

Ich möchte, dass wir alle die Sache entspannter angehen können. Sie uns leichter machen! Eine aufgeräumte Wohnung ist mir so wichtig, weil ich aus eigener Erfahrung und dem Austausch mit vielen anderen weiß, wie unglaublich positiv sich ein aufgeräumtes Wohnumfeld auf das ganze Leben auswirken kann. Deshalb habe ich mich darangemacht, verschiedene Methoden für ein aufgeräumtes Leben einmal selber auszutesten. Dabei habe ich festgestellt, dass es die eine Methode für alle nicht gibt. Was es aber durchaus gibt, ist: *deine* Methode. Das mag jetzt vielleicht etwas enttäuschend klingen, weil wir uns alle manchmal einfach danach sehnen, dass jemand kommt und sagt: „Mach es so und so, es wird hundertprozentig klappen und du wirst Spaß daran haben!" Weil ich aber weiß, dass man nur dann etwas durchziehen kann, wenn man sich wirklich damit identifiziert und wohlfühlt, möchte ich dir mit diesem Buch die Möglichkeit geben, dir am Ende das herauszupicken, was für dich am besten funktioniert.

### *Deine Wünsche sind wichtig*

Aus den Ordnungs- und Aufräum-Methoden, die ich in den letzten Jahren ausprobierte, habe ich schlussendlich für meinen Alltag all das übernommen, was zu meinen individuellen Bedürfnissen, meinem Typ und meinen Lebensumständen passt. Diese Erfahrung möchte ich in meinem Buch mit dir teilen. Damit bekommst du sozusagen eine Art Blaupause und kannst vor diesem Hintergrund leichter abschätzen, was zu dir passen und für dich funktionieren könnte – oder vielleicht eher nichts für dich ist.
Ich habe viele Aufräumratgeber getestet und dabei festgestellt, dass sich bei fast allen bestimmte Empfehlungen und Ratschläge wiederholen. Das liegt nicht daran, dass alle voneinander abschreiben würden. Sondern daran, dass es auch beim Aufräumen und Ordnunghalten Erfahrungswerte gibt, die man durchaus als universell bezeichnen könnte. Mein Aufräum-Kompass stellt dir die verschiedenen Herangehensweisen und praktischen Tipps vor und bietet dir damit die Möglichkeit, deine ganz eigene, individuelle Strategie zu entwickeln, mit der du ohne Mühe und deshalb auch langfristig ein aufgeräumtes Leben führen kannst.

Was ich dir wünsche ist: Deine Wohnung soll der Ort sein, an dem du dich entspannen kannst, der dich inspiriert und an dem du all die Dinge tun kannst, die dir Freude machen. Ein Ort, an dem der Stress des Alltags von dir abfallen kann. Wenn du heimkommst und gleich als erstes daran erinnert wirst, was du eigentlich noch alles tun müsstest, kann dieses Buch für dich ein Ansporn sein, diese ungute Situation zu verändern. Und damit den Weg in ein entspannteres Leben einzuschlagen.

***So kann's nicht weitergehen!***

Bei mir selbst hat das alles ein bisschen gedauert. Bis weit in meine Zwanziger hinein war ich ein extrem unordentlicher Mensch. Messie wäre vielleicht zu viel gesagt, aber es war doch so schlimm, dass ich mich heute noch frage, wie ich mein Leben überhaupt auf die Reihe bekommen habe. Geschweige denn Schule und Studium! Was aber damals schon der Fall war: Wenn es darauf ankam, hatte ich den wichtigsten Kram auf wundersame Weise trotzdem immer irgendwie beisammen. Auch wenn mein Schreibtisch ständig so aussah, als hätte jemand die Altpapiertonne darüber ausgekippt. Das Chaos auf diesem Tisch hatte eine der ekligsten Erfahrungen zur Folge, die ich je hatte. Ich war ungefähr zehn Jahre alt. Es war die Zeit nach Ostern. Wie viele Wochen nach Ostern? Nun … ich möchte es gar nicht wissen! Jedenfalls war mein Schreibtisch ein einziger Haufen Chaos. Es war unmöglich, daran Hausaufgaben zu machen. Außerdem machte sich von Tag zu Tag immer intensiver so ein komischer, ziemlich unangenehmer Geruch breit. Erst rund um den Tisch, dann in der ganzen Wohnung. Als wir versuchten, den ekligen Gestank zu orten, meinte mein Vater: „Immer der Nase nach!" Und so fand er schließlich unter dem Haufen Krempel auf meinem Schreibtisch völlig verfaulte Ostereier, über und über mit weißen Maden bedeckt. Wenn ich daran denke, juckt es mich heute noch überall. Ich hatte meine Lektion gelernt: keine Ostereier auf dem Schulaufgabentisch! Doch weiter ging die Erkenntnis bei mir damals noch nicht …

Wenn ich dann später als Teenager eine Freundin zum Übernachten bei mir hatte, lag die Gästematratze anschließend so lange neben meinem Bett, bis sie sich mehr und mehr in eine Mischung aus Kleiderschrank und Wäschekorb verwandelte. Und wenn mein Vater, bei dem ich damals überwiegend lebte, von der Arbeit nach Hause kam, fand er eine Küche vor, die so schmutzig und vollgestellt mit benutztem Geschirr war, dass sich kaum Platz fand, ein Brot zu schmieren. Warum ich dir das erzähle? Weil es vielleicht ein gutes Beispiel dafür ist, dass es nie zu spät ist. Dass man jederzeit anfangen kann, etwas zu ändern!

Es gibt tatsächlich Aufräumexperten, die beteuern, sie würden sich seit ihrer Kindheit damit beschäftigen, wie man richtig aufräumt und Ordnung hält. Ich habe damit erst vor gar nicht allzu langer Zeit begonnen. Deshalb kann ich aus tiefster Überzeugung sagen, dass es zunächst wirklich vor allem darauf ankommt, irgendwann mal den ersten Schritt zu machen. Dann wird sich das ganze Leben positiv verändern. Diesen ersten Schritt kann man immerzu tun. Jederzeit, in jedem Alter. Es gibt keine hoffnungslosen Fälle!

### *Es ist nie zu spät für den ersten Schritt*

Als ich mit Ende zwanzig das erste Mal radikal ausmistete, war ich mir gar nicht so recht bewusst, welche Folgen das haben würde. Der Leidensdruck war damals gar nicht so hoch. Doch ich hatte das Buch „Magic Cleaning" von Marie Kondo verschlungen – und was soll ich sagen: Es war für mich eine Offenbarung. Es wurde mir damals von einer Bloggerin empfohlen. Es klang interessant. Und nachdem ich mit dem Buch fertig war, begann ich, meine ganze Wohnung von oben bis unten auf den Kopf zu stellen. Und säckeweise Kram und Dinge loszuwerden, die ich nicht mehr brauchte und nicht mehr mochte.

2018 durfte ich dann in einem Fernsehformat anderen Menschen dabei helfen, auszumisten. Ich schreibe „durfte", weil es für mich eine unglaublich interessante Erfahrung war. Ich habe viel über innere Einstellungen, Haltungen und Denkmuster gelernt, die wir alle kennen. Viele von uns haben ähnliche Gründe, weshalb es ihnen schwerfällt, Dinge loszulassen. Auf diesen Punkt werde ich später noch besonders eingehen. Ausmisten und Aufräumen haben einen so weitreichenden positiven Effekt, dass man die psychische und emotionale Komponente gar nicht weglassen kann. Oft hilft es, zu wissen, dass wir alle irgendwie mit ähnlichen Dingen zu kämpfen haben. Doch wenn man sieht, dass eine aufgeräumte Wohnung so viele gute Auswirkungen auf die ganze Lebenssituation hat, bekommt die Motivation, die Sache anzugehen, noch mal einen zusätzlichen Schub.

Bis zu dem Moment vor ein paar Jahren, als ich mit Marie Kondos Methode begann, meine eigene Wohnung gründlich zu entrümpeln, hätte ich mir niemals vorstellen können, wie gut das tut. Es war ein enorm befreiendes Erlebnis. Nicht nur für meine Wohnung. Sondern tatsächlich auch für meine Seele! Seither investiere ich zum Beispiel viel lieber in schöne Erlebnisse als in Konsumgüter. Oder ich gebe lieber etwas mehr Geld für hochwertige Dinge aus, die ich länger benutze, als ständig etwas Günstiges neu zu kaufen. Die Auswirkungen, die das Aufräumen und Ausmisten auf dich haben werden, mögen womöglich ganz andere sein. Was ich dir jedoch versichern kann, ist, dass es zu einem wie auch immer befreiteren Leben führen wird!

»VIELE VON UNS HABEN ÄHNLICHE GRÜNDE, WESHALB ES IHNEN SCHWERFÄLLT, DINGE LOSZULASSEN.«

KAPITEL

# /01

# WARUM AUSMISTEN UND ORDNUNGHALTEN ENTSPANNTER MACHT

KAPITEL 01

# OHNE BALLAST LEICHTER UND ZUFRIEDENER LEBEN

Ausmisten – klingt erst mal nach Stress. Ist aber das genaue Gegenteil! Ich hab's ausprobiert und möchte diese Erfahrung an dich weitergeben. Wenn du dich erst einmal aufgerafft hast, wird dein Leben danach um vieles leichter sein. Versprochen!

## TOP 5 POSITIVE EFFEKTE DES AUSMISTENS

**1** / *Du wirst entspannter*

**2** / *Deine Beziehungen verbessern sich*

**3** / *Du wirst beruflich erfolgreicher*

**4** / *Du sparst Geld*

**5** / *Du übernimmst Verantwortung für dein Leben*

## 01 / DU WIRST ENTSPANNTER

Deine erste Reaktion, wenn du ans Aufräumen und Putzen denkst? Wahrscheinlich schlechte Laune. Das ist ganz normal. Es gibt Menschen, für die ist Putzen eine Art Ausgleich so wie für andere Leute Sport. Die meisten von uns finden es aber lästig. Und genau deswegen sollten wir gründlich ausmisten. Schließlich wollen wir ja wenig Zeit aufs Putzen und Ordnunghalten verwenden. Und viel mehr Zeit für die schönen Dinge des Lebens haben!

Wenn dich allein schon der Gedanke an das Chaos in deiner Wohnung stresst, ist es höchste Zeit, etwas zu ändern. Wenn du dir das Putzen erleichterst, erleichterst du auch deine Seele. Klingt pathetisch, ist aber so!

Ich bin fest davon überzeugt, dass äußeres Chaos immer auch inneren Stress auslöst. Es erinnert uns daran, was wir alles noch tun müssen. Es erinnert uns auch an die Vergangenheit, die vielleicht nicht immer schön war, oder an Menschen, die uns nicht guttun. Das alles manifestiert sich in den Dingen, die wir um uns haben. Alles hat eine bestimmte Energie – und die wirkt sich auf unser Wohlbefinden aus. Wenn wir in jeder Ecke Zeug rumstehen haben, das wir eigentlich schon längst wegschaffen wollten, oder über Kisten stolpern, in die wir seit dem Umzug nicht mehr reingeschaut haben, oder wenn das alte Geschirr von Mama, das wir eigentlich hässlich finden, immer noch im Schrank steht, sind wir permanent damit beschäftigt, diesen belastenden Dingen Aufmerksamkeit zu schenken. Das bedeutet Stress.

Wenn du diese Sachen loswirst, hast du mehr Zeit, dich auf das zu konzentrieren, was wirklich wichtig für dich ist. Du kannst deine Energien dann voll und ganz darauf fokussieren. Statt vom Alltagsstress draußen in den Stress des Gerümpels zu Hause zu kommen, betrittst du eine Wohnung, in der du dich geborgen fühlst – einen aufgeräumten Ort, in dem du tun kannst, was du gerne tust.

### *Weg mit dem, was dir nicht guttut!*

Versuch doch mal folgendes Experiment: Visualisiere einen Raum in deiner Wohnung, in dem du dich besonders gern aufhältst. Stell dir diesen Raum nun erst im ordentlichen und dann im unordentlichen Zustand vor. Was löst dieser Vergleich in dir aus? Ich vermute, dass die Vorstellung von einem Zimmer voller Unordnung Stresssymptome mit sich bringt. Wahrscheinlich fühlst du dich unbehaglich und irgendwie unter Druck. Und jetzt kommt noch was dazu: Es ist nicht damit getan, nur die sichtbaren Dinge aufzuräumen! Weil auch das unsichtbare Chaos, das in Schränken, Schubladen oder im Keller lauert, stresst. Allein schon deshalb, weil wir wissen, dass es da ist! Ich habe das selbst neulich wieder gemerkt. Ich hatte mich mit Feng Shui in Zusammenhang mit allerlei angestautem Gerümpel beschäftigt. Das machte mich total nervös. Ich musste daran denken, dass in meinem Keller noch unaufgeräumtes Zeug liegt. Also bin ich runter und habe den allerletzten Rest Chaos beseitigt. Und hatte danach das wunderbare Gefühl, genau zu wissen, was ich alles im Keller habe und warum es genau dort gut aufgeräumt ist. Du wirst bestimmt auch merken, wie sich dein Körper entspannt und du dich befreit fühlst, weil du allen überflüssigen Ballast endlich losgeworden bist.

Ich bin auch der Überzeugung, dass man sich von Menschen trennen sollte, die einem nicht guttun. Beziehungen zu pflegen, die man eigentlich nicht möchte, ist mindestens so anstrengend und energieraubend, wie Dinge um sich zu haben, die man nicht mag. Damit meine ich natürlich nicht, dass du deiner besten Freundin die Freundschaft aufkündigen solltest, weil ihre Beziehung zerbrochen ist und sie deshalb schlecht drauf ist. Oder weil dein bester Freund sich verkriecht, nachdem er seinen Job verloren hat. Jeder Mensch geht durch schwierige Zeiten. Dann sind Freunde dazu da, zur Seite zu stehen. Was ich meine, sind Beziehungen, die eine schlechte Energie haben. Und da trügt mich mein Bauchgefühl nie. Man spürt einfach, wenn man sich nicht wohlfühlt mit jemandem. Das kann verschiedene Gründe haben. Ich habe mit Mitte zwanzig eine Frau kennengelernt, bei der ich anfangs dachte, dass sich eine Freundschaft entwickeln könnte. Doch je mehr ich mit ihr zu tun hatte, desto schlechter ging es mir. Auf subtile Art und Weise schaffte sie es, mein Selbstwertgefühl in den Keller zu treiben. Ich unterstelle ihr nicht, dass das Absicht war. Manchmal passen Menschen einfach nicht zusammen. Es ist okay, sich das einzugestehen. Und es dann offen zu kommunizieren. Das ist für beide Seiten das Beste. So was ist natürlich schmerzhaft, aber man muss immer im Auge behalten, wie hoch der Preis ist, den man bezahlt, wenn man Dinge und Beziehungen mitschleift, die einem nicht guttun. Sie halten uns davon ab, unser Leben so zu leben, wie wir es wollen!

Auch wenn dir dieser Gedanke vielleicht zu esoterisch klingt, kannst du dich sicher damit anfreunden, dass das Leben wesentlich einfacher und leichter wird, wenn wir nicht mehr so viel Ballast in Schuss halten müssen. Ich schreibe bewusst „Ballast", weil der meiste Kram, den wir so haben, eher belastend als nützlich und schön ist. Es gilt jetzt, diesen Ballast endlich auszumisten! Welche Methoden es dafür gibt, zeige ich dir auf den nachfolgenden Seiten.

## 02 / DEINE BEZIEHUNGEN VERBESSERN SICH

Wenn du anfängst, Prioritäten zu setzen und dich von Dingen und Menschen zu verabschieden, die dir nicht guttun, hast du mehr Zeit für Begegnungen, die Freude machen. Die wichtigsten Menschen bekommen dann den wichtigsten Platz in deinem Leben. So sollte es sein! Das Grundprinzip ist: Du umgibst dich nur mit dem, was dich glücklich macht. Die oft gestellte Frage, warum man die Klobürste trotzdem behalten sollte, beantworte ich später.

Vor einiger Zeit war ich bei einer Frau, der ich beim Entrümpeln ihrer Wohnung helfen durfte. Ich sage „durfte", weil es für mich eine sehr spannende Erfahrung war und sie ein toller Mensch ist. Diese Frau lebt seit einigen Jahren in dieser Wohnung und hatte schon beim Einzug davon geträumt, wie sie hier Gäste bewirten und mit Freunden auf dem Balkon ein Gläschen Wein trinken würde. Die Realität sah aber anders aus. Überall in ihrer Wohnung standen immer noch Kartons und Gerümpel herum. Deshalb schämte sie sich, jemanden in die Wohnung zu lassen, und ihr Traum von der geselligen Runde in den eigenen vier Wänden wurde nie wahr. Selbst ihre beste Freundin ließ sie nur ab und zu in ihre Wohnung.

» IN EINER AUFGERÄUMTEN WOHNUNG HAT MAN VIEL ÖFTER GERN BESUCH. «

Ich erzähle diese kleine Geschichte, weil es dir mehr Spielraum eröffnet, wenn du dich in deiner Wohnung so wohlfühlst, dass du jederzeit Gäste empfangen kannst. Das bedeutet nicht, dass es so pieksauber sein muss, dass man vom Boden essen kann. Aber nicht in Panik zu verfallen, wenn Freunde oder Eltern spontan vorbeischauen möchten, ist doch ein gutes Gefühl. Und natürlich hat man viel lieber Gäste zu Besuch, wenn man eine ordentliche Wohnung hat. Man hat mehr Lust, ein Abendessen zu veranstalten oder Freunde spontan zum Kaffeetrinken einzuladen. Das kann ich aus eigener Erfahrung bestätigen, obwohl ich nicht die geborene Gastgeberin bin. Das musste ich mir irgendwann einfach eingestehen. Als Richard bei mir einzog, hatte ich erst die Vorstellung, ich würde nun die „Grande Dame von Kreuzberg" werden und ständig Leute bei mir haben. Ich habe ziemlich schnell gemerkt, dass das gar nicht so mein Ding ist. Ist auch okay. Ich habe trotzdem gerne Gäste, nur nicht ständig und immer. Aber der Grund dafür ist sicher nicht, dass Besuch bei uns vor lauter Gerümpel keinen Platz finden würde.

Ein großes Thema im Zusammenhang mit dem Horten von unliebsamen Dingen ist der Mangel an Selbstliebe. Ich habe im Kontakt mit Menschen, die Kram horten, öfter festgestellt, dass sie sich selbst oft nicht gut behandeln. Und das schlägt sich dann entsprechend auch in ihrer Art zu wohnen nieder. Ich bin keine Psychologin, und es würde zu weit führen, hier über die Gründe zu spekulieren, warum fehlender Selbstrespekt oft mit dem Horten von Dingen einhergeht, die sich einfach nur unnütz stapeln. Bei meinen Besuchen ist mir allerdings oft aufgefallen, dass solche Menschen sich mitunter schwer damit tun, das eigene Wohlbefinden genauso ernst zu nehmen wie das ihrer Mitmenschen.

Auch Paarbeziehungen können unter dem Chaos in der Wohnung leiden. Man streitet sich ständig darum, wessen Zeug unaufgeräumt herumliegt, beschuldigt den Partner, dass er nicht so viel im Haushalt macht wie man selbst. Oft ist es so, dass sich dann beide in eine Trotzhaltung zurückziehen: „Wenn du nichts machst, mache ich auch nichts!" Nur hilft das leider niemandem weiter. Wenn beide ein unterschiedlich ausgeprägtes Bedürfnis nach Ordnung haben, kann es schwierig sein, auf einen Nenner zu kommen. Insbesondere dann, wenn man auf kleinem Raum lebt und nicht jeder einen Bereich zur Verfügung hat, wo man dem anderen auch mal aus dem Weg gehen kann. In solchen Fällen ist es das Beste, man versucht mit dem Partner einen Kompromiss auszuhandeln, der für beide okay ist.

# TOP 5
# FÜR EIN POSITIVES RAUMKLIMA

**1 / ORDNUNG**

*Gemeint ist eine solide Grundordnung, die dein Leben entstresst, nicht eine sterile Ordnung, wo kein einziges Teil mehr herumliegen darf.*

**2 / LICHT**

*Sorge dafür, dass deine Räume gut beleuchtet sind. Wenn deine Wohnung von Haus aus dunkel ist, verteile darin viele Lampen und andere Lichtquellen.*

**3 / TEXTILIEN**

*Ein Raum, in dem es hallt, ist ungemütlich. Darin fühlt man sich wie mitten im Umzug. Ich weiß, wovon ich spreche, ich hatte das Problem auch schon. Mit Teppichen, Vorhängen, Kissen kannst du leicht Abhilfe schaffen. Nur achte darauf, dass es nicht zu viel wird!*

**4 / ZIMMERPFLANZEN**

*Grünes Wachstum macht jeden Raum lebendig und verbessert das Klima. Besonders gut fürs Raumklima sind Grünlilie, Aloe Vera und Bogenhanf.*

**5 / SCHNITTBLUMEN**

*Ein frischer, bunter Blumenstrauß – oder auch nur eine besondere Blume in einer Vase – macht einen Riesenunterschied. Probiere es aus!*

### *Ausmisten ist gut fürs Selbstwertgefühl*

Ballast loszuwerden, ist ganz wichtig bei Dingen, die mit Erinnerungen an ungute Beziehungen verbunden sind. Vielleicht kennst du es von dir selbst, vielleicht aus deinem Freundeskreis, dass die Beziehung zu einem Familienmitglied kompliziert ist. Und von genau dieser Person hast du etwas geschenkt bekommen. Dieser Gegenstand lebt mit dir in deiner Wohnung – ganz klar ein negativer Einfluss. Jedes Mal, wenn du ihn siehst, kommen ungute Gefühle hoch. Ich möchte dir ans Herz legen, dich damit auseinanderzusetzen. Mit der unguten Beziehung und der Frage, warum du das Ding nicht endlich loswirst.

Ich habe einmal eine Frau besucht, die den zurückgelassenen Kram ihres Mitbewohners aufgehoben hat. Er hatte sich einfach sang- und klanglos aus dem Staub gemacht. Keine Nachricht, nichts. Wie sich herausstellte, ging es ihm gut. Er hatte sie nur einfach auf seinen Sachen sitzen gelassen und sich nicht darum gekümmert, was mit ihnen passiert. Das war respektlos. Und spiegelte in gewisser Weise genau die Haltung wider, die diese Frau sich selbst gegenüber hatte.

Man muss sich selbst wertschätzen, dann werden es auch andere tun. Uns selbst etwas Gutes tun – da denken wir oft ans Shoppen, irgendetwas kaufen. Wir können den Spieß aber auch umdrehen. Und uns belohnen, indem wir Ballast abwerfen.

Bringe dir selbst Wertschätzung entgegen, indem du aus deiner Wohnung die schönstmögliche machst. Du hast es verdient, in einer angenehmen Umgebung zu wohnen! Die Wertschätzung, die du deiner Wohnung gegenüber aufbringst, wird als Wertschätzung dir selbst gegenüber spürbar.

Dein Wohl muss zunächst an erster Stelle stehen – nur so kannst du dich auch um das Wohl anderer kümmern. Ein einfaches Beispiel aus meinem Alltag, das vielen von euch sicher bekannt vorkommt: Meine Tochter ist jetzt etwas über ein Jahr alt. Sie hat Tage, an denen sie super gelaunt ist. Und sie hat nölige Tage, so wie jeder andere Mensch auch. Manchmal ändert sich ihre Stimmung auch mehrmals täglich – so wie bei jedem von uns. Wenn ich nun nicht dafür Sorge trage, dass ich ausgeglichen bin und eine gewisse Grundgelassenheit habe, kann ich nicht angemessen auf die Bedürfnisse meiner Tochter eingehen. Ausgeglichen bin ich, wenn ich darauf schaue, dass auch meine Bedürfnisse nicht zu kurz kommen. Wenn ich sie vernachlässige, bin ich genervt, wenn meine Tochter meckert und nölt. Ich habe dann auch keine Lust, mit ihr zu spielen. Ich bin dann nur damit beschäftigt, mich irgendwie über Wasser zu halten und den Tag einigermaßen glimpflich über die Bühne zu bringen.

Ich denke, so möchte niemand sein Leben verbringen, dafür ist es zu kurz. Ich gebe zu, ich habe in diesem Punkt auch noch einen langen Weg vor mir. Die Balance zwischen Kind, Partnerschaft, Beruf und „Me-Time" stimmt noch lange nicht. Aber auch deswegen schreibe ich dieses Buch, um mich und uns alle daran zu erinnern!

» MAN WIRD SO BEHANDELT, WIE MAN SICH SELBST BEHANDELT. WENN DU AUSMISTEST, WERDEN SICH DEINE ZWISCHENMENSCHLICHEN BEZIEHUNGEN AUS VERSCHIEDENEN GRÜNDEN VERBESSERN. ES LOHNT SICH, ES AUSZUPROBIEREN! «

## 03 / DU WIRST BERUFLICH ERFOLGREICHER

Ich habe die Erfahrung gemacht, dass alles neu in Schwung kommt, wenn ich mein unnützes und unschönes Gerümpel loswerde. Nach Feng Shui hat das damit zu tun, dass die Energie in unserem Umfeld jetzt endlich wieder frei fließen kann. Und das bereitet sozusagen den Boden für weitere positive Veränderungen. Wenn man nicht an Feng Shui glaubt, kann man auch andere Gründe dafür in den Blick nehmen. Zum Beispiel Chaos.

Chaos lenkt immer vom Wesentlichen ab. Vielleicht hast auch du Chaos in deinem Büro, auf deinem Schreibtisch. Und sicher kennst du das Gefühl, dass du dich umso weniger auf deine eigentliche Arbeit konzentrieren kannst, je unaufgeräumter es da ausschaut. Vielleicht ist dein Schreibtisch aber auch ganz okay in Sachen Ordnung. Aber du weißt ganz genau, dass dafür die Unordnung zu Hause auf dich wartet. Auch das lässt dich unkonzentrierter arbeiten, weil du im Hinterkopf genau weißt, was du nach Büroschluss daheim noch alles zu tun hast. Nach der Arbeit sollte man abschalten und Energie tanken, damit man am nächsten Tag ausgeruht wieder volle Leistung bringen kann. Wenn man sich nach dem Heimkommen aber erst noch mit dem Geschirr der letzten zwei Wochen herumschlagen oder die Klamotten vom Bett zerren muss, um darin überhaupt Platz zu finden, ist das schwer möglich.

Ein weiterer Grund für größeren beruflichen Erfolg nach gründlichem Ausmisten ist die strukturiertere Umgebung. Du kannst dich aufs Hauptsächliche konzentrieren und musst dich nicht damit aufhalten, zeitraubenden Aufräumkram zu erledigen oder sinnlosen Krempel wegzuschaffen. In meinem Fall hat die bessere Aufgeräumtheit zur Folge gehabt, dass ich Dinge nicht mehr aufschiebe. Das führt automatisch zu gesteigertem Erfolg. Einfach, weil ich dadurch mehr gebacken kriege. Ich halte das Getriebe sozusagen viel leichter und ungestörter am Laufen. Das ist für mich als Selbstständige natürlich besonders wichtig. Aber auch in einem Angestelltenverhältnis kann das zu mehr Entspannung und beruflicher Anerkennung führen, weil man viel effektiver arbeitet und dadurch auch mehr erreicht.

Auch aus meiner Instagram-Community kam solches Feedback. Viele haben mir erzählt, dass sie durchs Ausmisten sozusagen in einem Aufwasch auch ihre aktuelle berufliche Situation infrage gestellt haben. Als Folge davon orientieren sie sich jetzt neu und möchten Überholtes loswerden, um etwas Neues zu machen, das besser zu ihnen passt. Ich persönlich finde es ganz wichtig, dass man sich regelmäßig fragt, ob das, was man tut, wirklich noch glücklich macht. Wenn die Antwort eindeutig Nein lautet, sollte man sich überlegen, ob es eine Möglichkeit gibt, dies zu ändern.

**TIPP**

*Wenn deine Wohnung so gestaltet und geordnet ist, dass du zu jeder Zeit weißt, wo die Dinge zu finden sind, die du brauchst, wird auch dein Geist fokussierter sein.*

## 04 / DU SPARST GELD

Dieses Phänomen habe ich an mir selbst festgestellt. Es wurde mir aber auch von anderen bestätigt. Du wirst merken, dass sich durchs Ausmisten dein Konsumverhalten ändert. Das liegt daran, dass du deine frisch entrümpelte Wohnung nicht sofort wieder mit allem Möglichen vollstellen willst. Ich bin sicher, dass dieser Effekt sehr

nachhaltig sein wird, wenn du das alles erst einmal richtig durchgezogen hast. Im Endeffekt bedeutet es, dass du bei jedem Stehrümchen (ich liebe dieses Wort), das du, ohne groß drüber nachzudenken, im Laden in die Tüte gepackt hättest, erst einmal überlegen wirst, ob du es wirklich willst. Und ob du es wirklich brauchst!

Das ganze Chichi, das man ständig kauft, weil es eben so günstig ist, läppert sich im Laufe der Zeit ganz schön. Jeder kennt das Phänomen, wenn er zum schwedischen Möbelhaus fährt. Man möchte eine Matratze – und womit geht man nach Hause? Mit Servietten, neuen Gläsern, drei Vasen, einem Besteckkasten und ... und ... und. Und schon sind aus den 150 Euro für die Matratze mal eben 250 Euro für die Matratze und den ganzen anderen Tüdelkram geworden, von dem du vorher gar nicht gedacht hättest, dass du ihn haben willst. So geht es uns allen doch im Grunde fast jeden Tag, wenn wir nicht irgendwann damit aufhören.

Im Durchschnitt kauft jeder Deutsche 60 neue Kleidungsstücke im Jahr. Für mich ist das der absolute Wahnsinn. Möglicherweise bin ich aber auch ein Extrembeispiel. Ich kann mittlerweile nur noch ganz schlecht neue Sachen kaufen, ohne ein nagendes Gewissen dabei zu haben. Wenn möglich, kaufe ich Einrichtungsgegenstände oder Kleidung gebraucht. Das heißt nicht, dass ich nicht auch manchmal einem kleineren Kaufrausch erliege. Und natürlich besteht ein Teil meines Berufs auch daraus, dass ich Produkte vorstelle. Am Ende finde ich aber, dass alles in Maßen sein sollte. Wie bei jeder Art von Konsum, sei es bei Süßigkeiten, Fast Food, Alkohol, Fleisch ... Es ist am Ende doch das Maß, das den Unterschied macht. Natürlich kann man sein eigenes Konsumverhalten auch dahingehend ändern, dass man weniger und dafür hochwertigere Produkte kauft. Das schlägt sich im Geldbeutel auf Dauer ähnlich günstig nieder.

Ein weiterer Grund, warum man Geld spart, wenn man gründlich entrümpelt, ist, dass man nicht ständig neue Dinge kaufen muss, die man eigentlich schon hat. Ich habe in einem Haushalt beim Ausmisten geholfen, wo ein Sideboard stand, in dessen obere Schublade seit Jahren niemand mehr reingeschaut hat. Da drin fanden sich dann Handyladekabel in allen Variationen, viele sogar doppelt! Wenn man nicht

weiß, wo die Dinge sind, die man gerade braucht, halten es manche für die einfachste Lösung, das gesuchte Zeug eben neu zu kaufen. Das geht ganz schön ins Geld.

## 05 / DU ÜBERNIMMST VERANTWORTUNG

Vielleicht fragst du dich jetzt, was Verantwortung mit Aufräumen zu tun hat. Und wie es sein kann, dass sich dein Leben positiv verändert, wenn du Verantwortung übernimmst. In dem Moment, in dem du die Entscheidung triffst, dich von deinem Chaos zu befreien, übernimmst du nicht nur die Verantwortung für deine Wohnung. Du behältst auch die Kontrolle über ihren Zustand. Das heißt: Du lässt dich nicht länger vom Chaos fremdbestimmen.

***Du beherrschst das Chaos, nicht das Chaos dich!***

Viele von uns verdrängen die Tatsache, dass Unordnung uns beherrscht, wenn sie sich breitmacht. Sie bestimmt dann unsere Gedanken. Sie bestimmt die Art, wie du dich in deiner Wohnung bewegst, sie bestimmt, ob du Gäste einlädst oder nicht, sie bestimmt, ob du deine Freizeit mit angenehmen Dingen verbringen kannst – oder mit Putzen. Ich könnte ewig so fortfahren, will es aber kurz machen: Es sollte genau umgekehrt sein. Du solltest die Herrschaft in deinen eigenen vier Wänden haben. Und nicht die Dinge, die dich umgeben.

Genauso ist es auch mit deinem Leben. Nimm dein Leben auf die gleiche Weise in die Hand, wie du jetzt dein Gerümpel in die Hand nimmst. Wenn du das nicht tust und alles so weiterlaufen lässt, wirst du zum Spielball der anderen. So wie die Unordnung bei dir zu Hause über dich bestimmt, werden andere über dein Leben bestimmen, wenn du die Dinge einfach sich selbst überlässt und keine Verantwortung übernimmst für das, was für dich wichtig ist.

In meinem Leben habe ich öfter die Erfahrung gemacht, dass nichts passiert, wenn ich darauf warte, dass mir etwas zufliegt. Natürlich gibt es glückliche Zufälle. Dann fällt uns etwas Gutes in den Schoß, ohne dass wir groß dafür gearbeitet hätten. So kann es auch mit schlechten Erfahrungen sein. Es ereilt uns ein schlimmer Schicksalsschlag, obwohl wir Verantwortung für unser Leben übernommen haben und denken, wir haben alles im Griff. Solche Dinge passieren. Es sind mal wunderbare, mal tragische Momente und Phasen. Worauf du Einfluss hast, ist, wie du mit negativen Schicksalsschlägen umgehst. Genauso hast du Einfluss darauf, ob du im Großen und Ganzen dein Leben auf eine Weise lebst und steuerst, die dich zufrieden macht. Ich musste an einem bestimmten Punkt in meinem Leben einmal auf die harte Tour erfahren, welche Konsequenzen es hat, wenn ich die Dinge einfach laufen lasse und denke, ich müsste keine Entscheidungen treffen ... Wenn man sich passiv verhält, treffen andere Menschen Entscheidungen für dich. Und zwar höchstwahrscheinlich nicht so, wie du es dir wünschst. Deswegen ist der einzige Weg, dein Leben in deinem Sinne zu gestalten, deine Entscheidungen selbst in die Hand zu nehmen.

»DU HAST EINFLUSS DARAUF, OB DU DEIN LEBEN IM GROSSEN UND GANZEN SELBST BESTIMMST.«

Für mich hat das planvolle Ausmisten nicht nur oberflächlich etwas in Gang gesetzt, sondern auch mental. Es hat mir vor Augen geführt, wo die Baustellen in meinem Leben sind. Ausmisten ist ein Prozess permanenter Entscheidungen. Eine gute Schule, um zu lernen, zu manchen Dingen Ja – und zu anderen Nein zu sagen. Das lässt sich dann auch auf andere Bereiche im Leben übertragen. Und so wächst man langsam in ein neues Verantwortungsbewusstsein hinein.

Wahrscheinlich wird für dich im Prozess des Ausmistens das Thema Nachhaltigkeit langsam einen größeren Stellenwert einnehmen. Allein schon deshalb, weil du dir überlegen musst, was du mit all den Sachen machst, die du über die Jahre und Jahrzehnte angehäuft hast. Die meisten Menschen haben völlig zu Recht ein großes Problem damit, Dinge einfach wegzuschmeißen. Der einfachste Grund dafür ist, dass sie „ja noch gut“ seien. Es gibt aber auch Menschen, die ein Problem damit haben, Dinge wegzuwerfen, obwohl sie kaputt und unbrauchbar geworden sind. Ein Beispiel: Ich war neulich bei meiner Mutter und dabei fiel mir auf, dass sie zwei Seifenspender am Spülbecken stehen hatte. Natürlich konnte ich mir nicht verkneifen, zu fragen, was es damit auf sich hat. Sie sagte mir, dass der eine kaputt sei, sie es aber nicht übers Herz brächte, ihn wegzuschmeißen. Ich verstehe das absolut. Es kann vielfältige Gründe haben, warum es einem schwerfällt, Dinge aus dem täglichen Leben zu verabschieden. Zum Beispiel, weil das Teil noch gar nicht so alt ist oder weil man es besonders schön findet. Oder weil man Bedenken hat, weil es den Müllberg, den wir alle produzieren, wieder um ein Stück vergrößern würde.

Für den Fall, dass etwas „ja noch gut" ist, empfehle ich, es zu verkaufen oder zu verschenken. Es gibt in fast jeder Stadt Sozialkaufhäuser, die sich bestimmt darüber freuen. Oder einfach mal im Freundeskreis fragen, ob nicht jemand zufällig etwas von deinen alten Sachen braucht! Sollte etwas wirklich kaputt und nicht mehr zu benutzen sein, darf es ruhig auf dem Wertstoffhof entsorgt werden. Vielleicht hast du aber auch eine tolle Idee, wie du den Verwendungszweck ändern und es upcyceln kannst. Das habe ich zum Beispiel mit meinem eigenen überflüssigen Seifenspender gemacht, als der obere Teil mit dem Pumpmechanismus kaputtging (nebenbei: Die Dinger gehen aber auch wirklich rasend schnell kaputt). Ich habe das defekte Teil weggeschmissen und benutze den Seifenbehälter seither als Mini-Blumenvase.

### *Zum Abschied eine nette Geste*

Wenn du schon an dem Punkt bist, dass du ein schlechtes Gewissen der Umwelt gegenüber hast, wenn du Sachen wegschmeißt, dann wirst du in Zukunft bei jedem Einkauf ganz automatisch überlegen, ob du das, was du gerade in den Einkaufswagen legen möchtest, wirklich benötigst und zu Hause stehen haben willst. Diese bewusste Haltung schont die Umwelt ganz erheblich. Jeder, der anfängt, sich darüber Gedanken zu machen, stellt ganz allmählich auch sein Konsumverhalten um. Es gibt zum Beispiel viele überzeugende Möglichkeiten, Kleidung, Möbel, Fahrräder, ja, alles, was nicht in den Bereich der Lebensmittel fällt, auf Onlineportalen zu verkaufen, neu oder auch gebraucht. Das ist die nachhaltigste Form des Konsums und auch, wenn man so will, die freundlichste Abschiedsgeste für deine abgelebten und überholten Gegenstände! Du schonst damit nicht nur die Umwelt, du übernimmst auch Verantwortung für die nächsten Generationen. Einfach, weil du nicht nach dem Motto „nach mir die Sintflut" lebst. Aber auch hier gilt, ganz entspannt: Es geht nicht darum, radikal Verzicht zu üben, sondern einfach um bewussten Konsum.

KAPITEL

# /02

# *SELBST-BEWUSSTSEIN: DEIN INNERER KOMPASS*

KAPITEL 02

# ERKENNE, WAS DICH WIRKLICH GLÜCKLICH MACHT

## *01 / WARUM HÄNGEN WIR AN DINGEN?*

Es gibt zwei große Strömungen im Moment: Auf der einen Seite wird alles immer günstiger, austauschbarer, schneller. Auf der anderen Seite gibt es immer mehr Menschen, die sich nach einem nachhaltigeren, achtsameren Leben sehnen.

Fast alle Konsumgüter werden heute immer günstiger produziert. Damit werden sie für viele Menschen erschwinglicher. Aber auch leichter austauschbar. Nehmen wir zum Beispiel die Mode. Die großen Fast-Fashion-Ketten bringen alle drei Monate eine neue Kollektion heraus. Wir stürzen uns darauf und freuen uns, den Kleiderschrank für wenig Geld mit den allerneuesten Trends zu bestücken. Zu dieser Gruppe gehörte auch ich. Bis ich anfing, radikal auszumisten. Dabei hat mir in vielen Punkten Marie Kondo die Augen geöffnet. Ihre Methode, nach Kategorien auszumisten und sich dadurch bewusst zu werden, welche Berge an Zeug man besitzt, war für mich wie eine Schocktherapie. Die Masse an Kleidungsstücken zu sehen, die ich nie getragen habe, teilweise noch mit Preisschild daran, hat mir ein großes Fragezeichen auf die Stirn gezaubert: Warum habe ich das gekauft? Warum hängt es im Schrank, obwohl ich es gar nicht tragen mag? Warum behalte ich Sachen, in denen ich mich überhaupt nicht wohlfühle?

Diesen Erkenntnisschock über die unglaubliche Anzahl von Kleidungsstücken, die sich hinter Schranktüren, in Schubladen und auf Kleiderständern tummeln, habe ich auch in meinem Freundes- und Bekanntenkreis festgestellt. Teilweise haben wir fünf schwarze T-Shirts und 15 hellblaue Jeans im Schrank – und sind uns über diese Anzahl noch nicht einmal im Klaren! Wenn man nichts anderes trägt als das, wäre es ja okay. In Wahrheit aber haben wir doch alle ein paar wenige Lieblingsstücke, in denen wir uns richtig wohlfühlen und die wir am liebsten jeden Tag tragen würden. Der Rest ist überflüssig.

Wäre es nicht unglaublich erleichternd, in den Schrank zu greifen – und egal, was man in die Hand nimmt, alles gefällt und passt zusammen? Ich habe meine ganze Studienzeit über in Einkaufsmalls gearbeitet, die längste Zeit in einem Jeansladen. Fast jeden Tag bin ich vor oder nach der Arbeit durch die Geschäfte geschlendert, auf der Suche nach hübschen Klamotten, Sonderangeboten, einer Jeans, die noch besser sitzt als die fünf, die ich eh schon hatte. Seitdem ich ausgemistet habe, kann ich an zwei Händen abzählen, wie oft ich meinen Fuß noch in eine Mall gesetzt habe. Vielmehr sehe ich jetzt die schlechte Qualität der Sachen, die günstig angeboten werden. Ich fühle die Plastikfasern, die ich nicht auf meiner Haut spüren möchte. Ich denke an die Umstände, unter denen die Menschen arbeiten, die diese Sachen hergestellt haben. Und verlasse den Laden meist mit leeren Händen.

***Wir belohnen uns mit Dingen***

Versteh mich nicht falsch: Ich bin absolut kein Abziehbild des perfekten, nachhaltigen Lebensstils. Aber durchs Ausmisten habe ich beim Einkaufen eine ganz wichtige Sache gelernt: Kaufe niemals etwas, von dem du nicht hundertprozentig überzeugt bist! Gibt es den leisesten Zweifel an einem Produkt, dann lass es im Laden liegen und suche weiter nach dem richtigen. Auch ich habe ab und zu einen Kaufrausch. Das letzte Mal ging es mir so nach der Geburt meiner Tochter. Da habe ich online Klamotten bestellt wie blöd, weil ich endlich meinen Körper wieder für mich hatte und mich belohnen wollte für die Monate, die ich in Schlappen und Jersey-Jumpsuits verbracht hatte. Von diesem Kaufrausch, bei dem ich ungefähr zehn Sachen bestellt habe, habe ich drei behalten. Eins von den drei Kleidungsstücken habe ich mittlerweile verkauft und

zwei machen mir noch wirklich Freude. Noch ein Tipp: Hör immer auf dein Bauchgefühl beim Anprobieren! Es ist nicht wichtig, was dein Mann, dein Freund, deine Freundin oder Mutter dazu sagen. Nur du musst dich darin wohlfühlen!

Es gibt verschiedenen Gründe, warum wir gerne konsumieren. Einen habe ich gerade erwähnt: Wir möchten uns belohnen. Sachen zu kaufen, aktiviert unser Belohnungszentrum im Gehirn. Wir fühlen uns danach kurzfristig gut. Oft befriedigen wir mit Konsum aber nur ein vordergründiges Bedürfnis.

Wenn ich gestresst bin, kommt bei mir der Impuls auf, etwas zu kaufen. Irgendetwas, das mein Herz erfreut, weil es hübsch ist oder gut schmeckt. Das eigentliche Bedürfnis aber ist ein ganz anderes: Ruhe, Geborgenheit, Erholung. Es mag sich zunächst erleichternd anfühlen, ein neues Teil in die Wohnung zu stellen oder ein neues Kleidungsstück in den Schrank zu hängen. Einfacher und schneller, als sich dem eigentlichen Bedürfnis zuzuwenden. Denn das ist mit ein bisschen Anstrengung verbunden. Wir müssen uns Zeit nehmen, vielleicht meditieren oder mal wieder zum Sport gehen oder einen schönen Abend mit unserem Partner planen.

Es lohnt sich, zu spüren, wo unsere echten Bedürfnisse liegen. Auch das ist etwas, an dem auch ich noch ganz schön arbeiten muss. Immer wieder! Obwohl ich meine Arbeit sehr liebe und unendlich dankbar bin, dass ich von einer Tätigkeit leben kann, die mir Spaß macht, empfinde ich mein Leben oft als zu schnell, stressig und angefüllt. Viele von uns haben Angst, abgehängt zu werden, wenn sie sich Pausen gönnen. Mir geht es genauso. Ich lebe von Social Media und empfinde den Druck, immer präsent zu sein, als hoch. Vielleicht mache ich ihn mir selbst, vielleicht kommt er durch die Schnelllebigkeit des Mediums. Aber das ist nicht der ausschlaggebende Punkt. Das Entscheidende ist auch hier wieder: Wir haben es selbst in der Hand, ob wir uns dem Druck hingeben oder bewusst die Bremse ziehen.

### *Weniger ist mehr*

Wie die meisten von uns bewege ich mich da irgendwo in der Mitte: Ich versuche, ein Bewusstsein dafür zu schaffen, was guttut und was nicht – ohne Konsum generell zu verteufeln. Seit einiger Zeit ist das Thema Minimalismus hip und trendy. Doch Minimalismus ist nicht gleich Minimalismus. Es gibt diejenigen, die sich von all ihren Möbeln verabschiedet haben, weil sie sagen, man könne auch gut auf dem Boden sitzen. Und es gibt diejenigen, die ihren Besitz so reduziert haben, dass sie nur noch das um sich haben, was sie wirklich brauchen und schön finden. Marie Kondo sagt, jeder Mensch hat eine bestimmte Anzahl von Dingen, die er braucht, um sich wohlzufühlen. Das ist bei dem einen mehr, bei dem anderen weniger. Bei mir wird es immer weniger. Ich hatte vor einigen Monaten eine Freundin zu Besuch, die viele Jahre nicht mehr bei mir zu Hause war. Wir hatten uns zwischenzeitlich aus den Augen verloren. Sie war kurz im Bad, kam zurück und meinte: „Ihr seid aber noch nicht ganz fertig eingerichtet, oder?" Ich musste schmunzeln, weil mir in dem Moment klar wurde, dass ich aus der Perspektive eines Menschen, der anders lebt, wirklich minimalistisch eingerichtet sein muss. Trend hin oder her – mir geht es besser, wenn ich weniger besitze.

»JEDER MENSCH HAT EINE PERSÖNLICHE AUSWAHL VON DINGEN, DIE ER ZUM GLÜCKLICHSEIN BRAUCHT.«

Wie bei allen Trends muss jeder für sich entscheiden, was passt und was nicht. Mir persönlich gefällt die Tendenz, dass wir uns mehr und mehr Gedanken über die Bedeutung von Besitz machen. In Teilen der Bevölkerung findet ein Umdenken statt. Besitz als Statussymbol ist nicht mehr so wichtig. Wir müssen uns auch nicht über Gegenstände definieren. Es sind andere Qualitäten, die uns als Menschen ausmachen. Deswegen können wir guten Gewissens damit aufhören, Sachen anzuschaffen, nur um vor anderen gut dazustehen. Das Höher-Schneller-Weiter unserer Gesellschaft und der unreflektierte Konsum sind für niemanden gesund.

Ich gebe zu: Auch ich habe einen Hang dazu, nie rundum zufrieden und immer auf der Suche nach der passendsten Einrichtung, der schönsten Wandfarbe, kurz: dem besten Zuhause zu sein. Es ist okay, ein Hobby zu haben. Es ist auch okay, nicht perfekt zu sein. Aber es hat jede Menge praktische Vorteile, sein Hab und Gut zu reduzieren. Man muss sich nicht mehr um so viele Dinge kümmern. Es liegt nicht mehr so viel herum. Man muss nicht ständig irgendwelche Sachen sauber machen, weil sie einstauben. Man hat mehr Platz für sich. Vielleicht ist dir schon aufgefallen, dass ich öfter das Wort „Zeug" benutze. Das mache ich ganz bewusst: Das meiste, was wir besitzen, ist einfach nutzloses Zeug.

Für mich symbolisiert Minimalismus Klarheit in allen Bereichen des Lebens. Alles wird auf das Wichtigste, Wesentliche reduziert. Ich sage bewusst nicht „das Nötigste". Das klingt mir zu sehr nach Verzicht. Minimalismus ist kein Verzicht im negativen Sinne. Es ist die bewusste Entscheidung, sich nur noch mit dem zu umgeben, was glücklich macht.

## 02 / PRIORITÄTEN SETZEN UND ENTSCHEIDUNGEN TREFFEN

Wir alle müssen jeden Tag Prioritäten setzen. Tun wir das nicht, verzetteln wir uns und schieben die wichtigsten Dinge auf. Ich merke immer wieder, dass man nicht auf mehreren Hochzeiten gleichzeitig tanzen kann, auch wenn das Spaß machen würde. Man hat schließlich nur ein bestimmtes Kontingent an Zeit. Das muss man irgendwie gerecht verteilen.

Ein Beispiel: Als ich dieses Buch schrieb, investierte ich dafür viel Zeit. Diese Zeit fehlte für andere Dinge. Aber: Wie jeder Mensch kann ich mich nicht zerreißen! Ich musste mich also entscheiden, was in der Zeit des Schreibens für mich das Wichtigste ist. Zeit mit meiner Tochter zu verbringen, gehörte unbedingt dazu. Das Buch und meine Tochter waren also die Top-Prioritäten. So sehr ich es auch gewollt hätte – ich konnte in dieser Phase nicht mehr Zeit in andere Projekte investieren. Dieser Gedanke löst bei vielen von uns im ersten Moment Stress aus. Wir alle sind so gestrickt, dass wir am liebsten viele schöne Dinge gleichzeitig machen wollen! Wenn man aber zulässt, dass es gerade nicht anders geht, wird man innerlich ruhiger.

In meiner Jugend äußerte sich meine Schwierigkeit, Prioritäten zu setzen, oft in totaler Lähmung. Ich fiel in eine Art Ohnmachtszustand, habe gar nichts mehr gemacht und hoffte, dass sich das Leben schon irgendwie fügen würde. Tat es natürlich nicht! Nach und nach merkte ich, welch großartige Erfahrung es sein kann, meine eigenen Entscheidungen zu treffen und Dinge einfach zu machen, ohne Angst zu haben, dass es schiefgehen könnte. Nach Abgabe meiner Bachelorarbeit beschloss ich zum Beispiel, für zwei Monate nach New York zu gehen. Ich wollte dort einen Schauspielkurs machen. Kurze Zeit später bekam ich durch Zufall die Möglichkeit für ein Masterstudium in Nizza. Da konnte ich noch keinen Satz Französisch. Ich bin einfach ins kalte Wasser gesprungen – eine bewusste, aktive Entscheidung!

So komisch es klingt – solch grundsätzliche Erfahrungen lassen sich auch aufs Ausmisten übertragen. Wir müssen uns fragen: Wie wollen wir leben? Durchs Ausmisten üben wir, Entscheidungen zu treffen. Du wirst es vielleicht jetzt noch nicht glauben – aber das Ausmisten wird einen größeren Effekt auf dein Leben haben, als du dir vorstellen kannst!

## 03 / WAS AUSMISTEN MIT SELBSTLIEBE ZU TUN HAT

Der Zusammenhang zwischen Aufräumen und Selbstliebe wird dir in diesem Buch öfter begegnen. Beides ist eng miteinander verknüpft. Wie in der Geschichte der Schauspielerin, die ich besuchte, um ihr beim Aufräumen zu helfen. Sie lebt in einer wunderschönen Altbauwohnung. Trotzdem war sie unglücklich, wie es darin aussah. Die Wohnung war bis unter die Decke vollgestopft. Sie hatte ein Zimmer voller Kartons, das sie nur als Lagerraum nutzte. Alle Dinge, die sie in ihrer Wohnung ansammelte, gaben ihr ein Gefühl von Sicherheit. Sie tat sich unglaublich schwer, auch nur ein Teil gehen zu lassen. Nie zuvor war ich jemandem begegnet, der sich so vehement an Dinge klammerte. Aus beruflichen Gründen hatte sie einen immensen Fundus an Kostümen und Kleidung, die sie privat aber nicht trug. Auf meine Frage, warum sie so viel überflüssige Kleidung aufbewahrte, vertraute sie mir an, dass sie Angst habe, für eine Rolle nicht besetzt zu werden, wenn sie nicht das passende Kostüm im Schrank hätte. Diese Aussage stimmte mich nachdenklich. Nicht nur, dass sie für ihre Arbeit als Schauspielerin oft überhaupt nicht bezahlt wurde. Sie fürchtete auch noch, diese unbezahlte Arbeit nicht machen zu dürfen, wenn sie dazu nicht ihre eigenen Kleider zur Verfügung stellte!

Ich habe selbst als Schauspielerin gearbeitet und weiß, dass es üblich ist, unbezahlt zu arbeiten. Nichtsdestotrotz finde ich, das ist eine absolute Frechheit. Man sollte sich mehr wert sein! Jede Arbeit muss bezahlt werden. Es ist unsere Lebenszeit, unsere Kraft, unsere Erfahrung und unser Wissen. Und das gibt es nicht umsonst. Das hat etwas mit Selbstliebe und Respekt zu tun. Die Antwort der Schauspielerin war aber noch in anderer Hinsicht traurig. Sie glaubte so wenig an ihre eigenen Fähigkeiten, dass sie meinte, ihre Garderobe könne im Zweifelsfall darüber entscheiden, ob sie eine Rolle bekommt oder nicht. Nicht ihr Talent war das Wichtigste, sondern die materiellen Dinge, die sie bieten konnte.

***Weg mit alten Ängsten!***

Ich glaube, dass viele von uns dazu neigen, sich über Dinge zu definieren, die wir besitzen. Ich glaube aber auch, dass es an der Zeit ist, dass wir uns wertschätzen für das, was wir sind. Und nicht für das, was wir haben. Die Befürchtung, Dinge loszulassen, ging bei der Schauspielerin so weit, dass in ihrem Schrank sogar haufenweise Kleidung lag, die kaputt oder mit Flecken übersät war. Sogar davon wollte sie sich nicht trennen. Auf ihren Schränken lagerten Dutzende vertrockneter Blumensträuße vergangener Theateraufführungen, die ein staubiges, ergrautes Bild abgaben. Sie erinnerten sie an verflossene Erfolge. So, als glaubte sie selbst nicht daran, bald einen frischen Blumenstrauß zu erhalten. Für den wäre gar kein Platz gewesen! Stattdessen bewahrte sie kistenweise Sachen anderer Leute auf, die sie einfach im Stich gelassen hatten. All das fügte sich zum Bild einer Frau, die eine sehr geringe Meinung von sich selbst hatte.

Ich erzähle dies nur, um dir Mut zu machen, durch das Ausmisten auch alte Ängste loszulassen. So schaffst du Platz für das Leben, das du dir wünschst. Wir müssen uns von vertrockneten Blumen verabschieden, um neue Erfolge zu feiern. Ich habe letztens an einem interessanten Workshop zum Thema Selbstvermarktung teilgenommen. Studien zeigen, dass Frauen, die selbstbewusst auftreten und über ihre Erfolge sprechen, von Frauen wie Männern als unsympathisch eingestuft werden. Auf Männer trifft das im umgekehrten Fall nicht zu. Ist das nicht völlig bekloppt? Frauen wirken also nur sympathisch, wenn sie sich zurückhalten? Und Männer kommen deshalb besser voran, weil sie offen erzählen, was sie alles erreicht haben? Willkommen im Jahr 2021!

Sieh das Ausmisten als eine Art Befreiungsschlag von deinen Unsicherheiten und Ängsten an! Vertraue auf dich, deine Fähigkeiten, deine Persönlichkeit. Auf die Zukunft – und dass sie dir bringen wird, was du brauchst. Schaffe Platz für das Leben, das dir zusteht. Du bist mehr wert, als die Dinge, die du besitzt. Und sollte das jemand nicht sehen, kann diese Person ganz schnell aus deinem Leben aussortiert werden. Kümmere dich nicht um die Sachen deines Partners, deiner Kinder oder Mitbewohner. Kümmere dich als allererstes darum, dass du alles loswirst, was dir im wahrsten Sinne des Wortes im Wege steht.

**» DAS AUSMISTEN IST EIN SEHR GUTER ERSTER SCHRITT, ETWAS FÜR DICH SELBST ZU TUN UND DICH SELBST SCHÄTZEN ZU LERNEN. «**

KAPITEL

# 03

# *DIE BESTEN METHODEN ZUM AUSMISTEN*

KAPITEL 03

# MAGIC CLEANING & CO. IM SELBSTTEST

## 01 / WIE ICH MARIE KONDOS METHODE PROBIERTE

Marie Kondos „Magic Cleaning" fiel mir vor Jahren in die Hände. Ich habe es in einem Rutsch durchgelesen und mich sofort danach ans Werk gemacht. Marie empfiehlt für ihre KonMari-Methode zwei Vorgehensweisen: Ausmisten nach Kategorien in einer vorgegebenen Reihenfolge und Ausmisten nach dem Motto: Jedes Ding, das du behältst, soll in dir Freude auslösen.

Mein Tipp: Maries Methode ist fürs große Ausmisten wirklich die allersinnvollste! Dafür teilst du alles, was du besitzt, in Kategorien ein – am Ende liegt alles, was zusammengehört, auf einem Haufen. Du fängst mit Kleidung an, dann kommen Bücher, Dokumente und anderer Papierkram. Zuletzt Kleinkram und Erinnerungsstücke. Was mir an der Methode besonders gefiel, als ich sie zum ersten Mal testete? Ich bekam schnell einen Überblick, wie viel ich von jeder Kategorie besaß. Dabei bin ich ein bisschen erschrocken. Das war gut. Ich sah mit einem Mal, was sich alles über die Jahre angesammelt hatte. Ich hatte mir für meinen KonMari-Praxistest extragroße durchsichtige Plastikboxen besorgt. Während des Ausmistens merkte ich schnell, dass ich die Boxen eigentlich gleich wieder abschaffen kann, weil ich darin nur Zeug aufräumte, das ich eh schon lange nicht mehr brauchte. Ich hatte den zweiten Schritt vor dem ersten getan! Marie Kondo empfiehlt deshalb, dass man erst gründlich ausmisten soll, bevor man sich Gedanken darüber macht, wo das restliche Zeug hinterher verstaut werden soll. Das kann ich nur unterschreiben!

Ich habe damals die Erfahrung gemacht, dass ich am besten damit fuhr, wenn ich die Kategorien nochmals unterteilte. So schaffte ich das Ausmisten genau in der Zeit, die ich mir dafür nehmen konnte. Wer etwa tonnenweise Klamotten im Schrank hat, fängt einfach mit Unterkategorien an: erst die Hosen, dann die Oberteile … und so weiter. Bei der Kategorie „Kleinkram" kannst du dir etwa erst mal das Geschirr, die Töpfe und Pfannen vornehmen. Beim nächsten Mal nimmst du dir Besteck und Kochutensilien vor. Ein andermal kommt die Schachtel mit den Medikamenten dran. So kann man sich leicht durch die ganze Wohnung sortieren, ohne überfordert zu sein!

### *Mein Glücksgefühl-Kompass*

Nichts ist demotivierender als ein Haufen Chaos, der liegen bleibt, weil man nicht alle Kategorien in einem Rutsch geschafft hat. Und trotzdem hat Marie Kondo recht, wenn sie sagt: „In einem Rutsch, in kurzer Zeit und perfekt!" Für die komplette Wohnung solltest du nicht länger als sechs Monate brauchen. Sonst trittst du auf der Stelle. Wenn du das einmal perfekt gemacht hast, fällst du nie wieder in das alte Chaos zurück, verspricht Marie. Das kann ich nur bestätigen – mir ging es auch so!

*Alles tipptopp aufgeräumt – außen wie innen! Nach dem Ausmisten fühlt man sich befreiter und glücklicher.*

Macht es mich glücklich oder nicht? Das ist unterm Strich das einzige Kriterium, nach dem man nach der KonMari-Methode die Sachen ausmisten soll. Ich merkte schnell: Es ist sehr einfach, man muss nur reinkommen. Und an dieser Stelle kam natürlich auch bei mir die Frage mit der Klobürste auf. Dieses Ding macht ja bekanntermaßen nun wirklich niemanden glücklich. Es gibt nun mal Dinge, die das Herz nicht höher klopfen lassen. Aber ich habe die Frage dann einfach weitergedacht: Macht mich ein sauberes Klo glücklich? Und das konnte ich natürlich ganz klar mit Ja beantworten!

Marie empfiehlt, jeden Gegenstand einzeln in die Hand zu nehmen und in sich hineinzuspüren, ob er glücklich macht. Auch ich merkte: Ich musste mich erst einmal darauf einlassen. Als ich unsicher war, wie sich das anfühlt, nahm ich meine drei Lieblingskleidungsstücke aus dem Schrank und ordnete sie in der Glücksreihenfolge. Das gute Bauchgefühl, das ich bei ihrem Anblick hatte, war dann bei allen anderen Dingen mein Kompass.

**TIPP**

—

*Ich selbst habe die KonMari-Methode bei meinem Praxistest ziemlich streng umgesetzt. Aber ich verstehe auch, wenn sie dir vielleicht zu radikal erscheint. In dem Fall pick dir einfach Punkte heraus, mit denen du zurechtkommst. Nur wenn es dir Spaß macht, bringt es dir auch was!*

## 02 / WIE ICH MIT FENG SHUI AUSMISTETE

Seit den 1990er Jahren ist Karen Kingstons „Ausmisten gegen das Gerümpel des Alltags" ein Ratgeber für alle, die sich vom Chaos erdrückt fühlen. Bei ihr geht es vor allem darum, den Energiefluss in den eigenen vier Wänden zu optimieren. Ich habe es ausprobiert und gemerkt, dass es allein schon ausreichte, mir in Gedanken auszumalen, wie dieser Energiefluss durch meine Wohnung verläuft. Dabei habe ich sehr schnell gespürt, an welchen Stellen die Energie nicht frei fließen kann. Das sind genau die Ecken, wo wir unbedingt ausmisten müssen!

*Für erholsamen Schlaf: Ordnung im Schlafzimmer entspannt ungemein.*

Die Lehre von Feng Shui geht aber noch viel weiter. Es ist nicht nur mit Aufräumen getan. Es geht auch um den Ausgleich von Energien. Um die Frage, wo, energetisch betrachtet, der optimale Ort für das Schlafzimmer, die Küche ist ... Manche empfinden diese Herangehensweise vielleicht als zu esoterisch. Ich für meinen Teil würde mich schon als tendenziell spirituellen Menschen bezeichnen. Deshalb erscheint mir einiges an Feng Shui logisch und nachvollziehbar. Es ist für mich ganz offensichtlich, dass man sich viel wohler fühlt, wenn man eine ordentliche, übersichtliche Wohnung betritt, als wenn man, sagen wir, eine enge, vollgestopfte, unordentliche Wohnung vor sich hat. Das eine wirkt belebend, das andere zieht runter. Ich stelle das auch bei mir zu Hause fest: Wenn mein Schlafzimmer aufgeräumt ist, wenn ich es abends betrete, werde ich gleich ruhiger und freue mich darauf, ins Bett zu gehen. Ist es aber unordentlich, bin ich sofort nervös und meine Energie geht in den Keller. So geht es mir eigentlich mit jedem Raum.

***Einfach mal in Rastern denken!***

Das heißt absolut nicht, dass es in deiner Wohnung immer klinisch sauber sein muss und nichts herumliegen darf. Das wäre viel zu steril! Und es ist auch nicht umsetzbar. Vielmehr geht es um eine Grundordnung. Sie soll Ruhe ausstrahlen und eine gute Energie verströmen. Im Feng Shui steht jeder Bereich des Hauses für einen bestimmten Bereich im Leben. So gibt es zum Beispiel einen Bereich, der für Erfolg und Wohlstand steht, einen für Gesundheit und auch einen für Familie. Wenn wir dem Gedanken folgen möchten, dass unsere Wohnung unser Leben repräsentiert, ist das die perfekte Motivation dafür, ab sofort alle Kram- und Kruschtel-Ecken loszuwerden!
Wenn du dich ein bisschen eingehender damit beschäftigen möchtest, welcher Bereich deiner Wohnung welchen Bereich deines Lebens repräsentiert, und wenn du deine Prioritäten beim Ausmisten darauf abstimmen möchtest, kannst du das ganz einfach mit der Feng Shui Bagua herausfinden. Zeichne dafür den Umriss deiner Wohnung auf und lege das Bagua-Raster darüber. Das geht am besten, wenn du das Raster auf eine Klarsichthülle malst.

Vielleicht möchtest du erst mal nur einen Bereich in deinem Leben, wie er im Bagua-Raster aufgezeichnet ist, besonders pushen? Dann kann es einen Versuch wert sein, diesen Bereich zuallererst auszumisten. Und selbst wenn sich durch diesen Energieschub nicht automatisch gleich positive Veränderungen in deinem gesamten Leben ergeben, hast du am Ende immerhin eine aufgeräumte Wohnung!

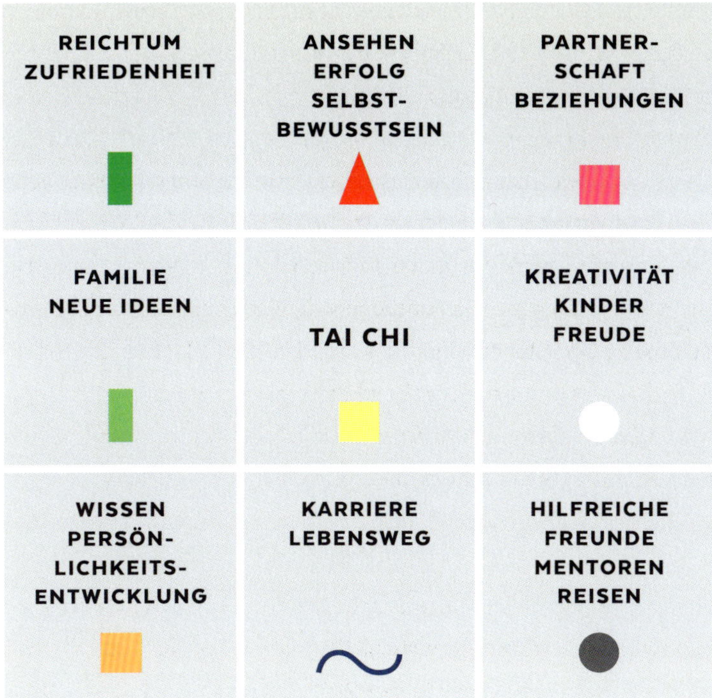


*Mithilfe des Bagua-Rasters erkennst du, welche Bereiche in deiner Wohnung mit welchen Lebensbereichen korrespondieren.*

Bei Feng Shui geht es immer um den optimalen Energiefluss. Dabei kann Energie nicht nur zu langsam fließen und ins Stocken geraten, sie kann auch zu schnell fließen! Auf jeden Fall sollten wir uns nach Feng Shui nur mit Dingen umgeben, die von einer positiven Energie erfüllt sind – und uns erfreuen. Es ist daher ein Irrtum zu denken, in einer komplett leeren Wohnung könnte die Energie am allerbesten fließen. Vielmehr ist es so, dass sie da einfach nur hindurchrauscht. Wie Autos auf der Autobahn. Und so schnell verschwindet sie auch wieder!

### *Ausmisten befreit den Geist*

Besonders interessant am Gestalten der Wohnung nach Feng Shui finde ich die Beobachtung, dass uns Gerümpel auch dann stresst, wenn wir es nicht sehen. Karen Kingston erklärt das damit, dass wir keine energetische Verbindung zu Dingen aufbauen können, wenn wir nicht wissen, wo sie sich befinden. Auch ohne energetische Komponente ist das überaus stressig: Wenn ich etwas ganz dringend benötige, aber keinen blassen Schimmer habe, wo ich überhaupt anfangen sollte, danach zu suchen, löst das Stress aus. Mental ist das auch so: Alles Unerledigte, alles, was ich aufschiebe, raubt mir mehr Kraft, als wenn ich die Dinge gleich erledige. Gerümpel kann sich auch im Geist befinden!

Vielleicht sagt dir das Gesetz der Anziehung etwas? Man könnte es auch mit dem Sprichwort umschreiben: „Du erntest, was du säst." Mit allem, was du denkst und tust, sendest du Energie aus. Du bewegst dich sozusagen auf einer bestimmten Frequenz und ziehst alles an, was auf der gleichen Frequenz schwingt. Ein banales, aber eingängiges Beispiel dafür: Wenn wir gute Laune haben und unseren Mitmenschen mit einem Lächeln begegnen, kriegen wir das meistens auch zurück. Etwas komplexer ist es mit negativen Gefühlen wie Neid, Wut oder Groll. Kennen wir ja alle! Wir müssen uns nur bewusst machen, dass wir uns damit meistens nur selber schaden. Es raubt Energie. Und die fehlt uns dann für unsere eigentlichen Interessen, unsere Ziele und Wünsche.

***Ausmisten fördert positive Energien***

Dazu ein ganz persönliches Beispiel: Eine Zeit lang gab es in meinem Leben jemanden, der mir schaden wollte. Ich habe damals beschlossen, das einfach zu ignorieren. Niemand, der mit mir zusammengearbeitet hat, hat je etwas davon mitbekommen. Ich habe auch nie darüber gesprochen, weil ich solcherart negativer Energie keine Plattform geben wollte.

Heute denke ich, dass vielleicht die Unzufriedenheit mit dem eigenen Leben der Grund für die Person war, ihre Energie darauf zu fokussieren, einem anderen Menschen – in diesem Falle mir – zu schaden. Daraus habe ich auch etwas für mein Leben gelernt. Sobald ich selbst negative Gedanken habe, überlege ich nun, was der Grund dafür sein könnte – und fange bei mir selber an, etwas zu ändern. So lernte ich mit der Zeit, meine Energien auf meine Ziele zu fokussieren und an den Dingen zu arbeiten, die in meinem Leben besser laufen sollten. Natürlich bin auch ich nicht frei von negativen Denkmustern, aber ich kann sie heute schneller identifizieren und habe Strategien entwickelt, meine Energie auf das Wesentliche, Positive zu lenken. Das klappt mal besser und mal schlechter. Und sicher ist es ein lebenslanger Prozess! Aber ich bin überzeugt, dass sich die Arbeit lohnt, um zufriedener zu werden. Die Gedanken von Feng Shui haben mir dabei geholfen.

**TIPP**

*Ich bin überzeugt davon, dass du ganz automatisch anfangen wirst, bestimmte negative Denkmuster infrage zu stellen, wenn du erst einmal anfängst, auszumisten.*

## 03 / SWEDISH DEATH CLEANING

Als ich das erste Mal von „Döstädning“ hörte, musste ich erst mal schlucken. Gleichzeitig war ich neugierig, was es damit auf sich hat, und kaufte mir das Buch von Margareta Magnusson „Frau Magnussons Kunst, die letzten Dinge des Lebens zu ordnen“. Ihre Methode ist auch als „Swedish Death Cleaning“ bekannt. Dabei geht es in erster Linie ums Ausmisten in der Vorbereitung auf den eigenen Tod. Ich finde den Ansatz aber auch für alle interessant, die noch nicht im fortgeschrittenen Alter sind.

Zum Glück war ich noch nie in der Situation, mich um den Nachlass eines geliebten Menschen kümmern zu müssen, aber ich habe es oft in meiner Umgebung mitbekommen. Deshalb weiß ich, wie unglaublich zeitintensiv und nervenaufreibend das sein kann. Die Idee, sich zu Lebzeiten selbst von allem Überflüssigen zu trennen, finde ich daher sehr konstruktiv und rücksichtsvoll. Oft verkleinert man sich ja auch im Alter räumlich, weil man nicht mehr so viel Platz braucht, die Kinder

*Lerne, dich von Dingen zu verabschieden, damit du nicht mit zu viel Ballast durchs Leben reist.*

# PRAKTISCHE TIPPS FÜRS SWEDISH DEATH CLEANING

—

- *Genieße das Schwelgen in Erinnerungen, den Austausch mit Verwandten und Freunden, an die du deine Habseligkeiten weitergibst.*
- *Fange nicht mit Fotos und Briefen an. Das wird am längsten dauern, weil es Erinnerungen weckt. Nimm dir stattdessen lieber erst deinen Keller oder Dachboden vor. Hier hast du höchstwahrscheinlich Dinge stehen, die dir sowieso nicht mehr so wichtig sind. Fange in jedem Fall mit dem an, was dir am leichtesten fällt!*
- *Erzähl deinen Freunden und Verwandten von deiner Ausmiste-Aktion. Vielleicht haben sie Lust zu helfen und möchten selbst gleich ein paar Sachen von dir mitnehmen. Vielleicht hast du auch eine jüngere Cousine, Schwester, Nichte, die sich freut, dass sie nichts Neues kaufen muss, wenn sie von zu Hause auszieht!*
- *Die Dinge, die niemand aus deinem Umfeld haben möchte, kannst du auf Flohmärkten oder Kleinanzeigenportalen verkaufen oder beim Sperrmüll auf die Straße stellen.*
- *Solltest du ausmisten, weil du umziehst und dich räumlich verkleinerst, mache einen genauen Plan deiner neuen Wohnung und zeichne darin auf, welches Möbelstück wo stehen soll. So merkst du gleich, welches deine Lieblingsmöbel sind.*
- *Wenn du geliebte Kleinigkeiten loswerden möchtest, bring ab sofort deinen Gastgebern etwas mit, wenn du eingeladen bist – aber nur solche Dinge, von denen du glaubst, dass sie auch bei anderen Gefallen finden könnten!*

aus dem Haus sind oder man den Garten nicht mehr pflegen kann. Beim Death Cleaning erleichtert man also nicht nur seinen Nachkommen das Leben, sondern auch sich selbst. Je mehr Platz wir haben, desto aufwendiger ist das Putzen und Pflegen der Dinge. Auch können Erbstreitigkeiten verhindert werden, indem man Sachen, über die Streit ausbrechen könnte, entweder verkauft oder anderweitig verteilt – oder mit den Nachkommen darüber spricht, wer was haben möchte. Wenn man diese Dinge erst einmal geklärt hat, kann man mit einer Sorge weniger den Rest seines Lebens genießen.

Swedish Death Cleaning hat mich dazu inspiriert, auch in jüngerem Alter mit leichterem Gepäck durchs Leben zu gehen. Allein, wenn ich mir vorstelle, was für eine Arbeit es wäre, mit dem Ausmisten zu warten, bis ich 80 bin! Nicht nur, dass ich dann körperlich nicht mehr so fit wäre. Ich hätte bis dahin noch Jahrzehnte vor mir, unnütze Dinge anzuhäufen.

Mir gefällt Swedish Death Cleaning, weil es pragmatisch ist. Es steht außer Frage, dass der Prozess des Ausmistens am Ende eines Lebens langwierig und schmerzhaft sein kann. Aber für mich ist es ein gutes Gefühl, die Sicherheit zu haben, dass alles geregelt ist, wenn ich nicht mehr bin. Und darauf vertrauen zu können, dass ich schon jetzt, während meines hoffentlich noch langen Lebens, nicht mehr unnütze Dinge anhäufe, mit denen sich andere später mühsam herumplagen müssen.

## 04 / ALTERNATIV-METHODE: ZIMMER FÜR ZIMMER AUSMISTEN

Nachdem ich Marie Kondos Methode ausprobiert hatte, kam mir noch eine andere praktische Idee: Man nimmt sich Zimmer für Zimmer, Schrank für Schrank, Schublade für Schublade vor und mistet so nach und nach die ganze Wohnung aus. Auch wenn deine Wohnung schon eine Grundordnung hat, ist es ratsam, sich hin und wieder einfach mal den Besteckkasten oder den Vorratsschrank oder das Bad vorzuknöpfen und Schritt für Schritt neu zu sortieren. Nur: Fürs erste große Generalausmisten taugt das nicht so gut! Für diesen Zweck empfehle ich wirklich aus tiefster Überzeugung Maries Methode, nach Kategorien auszumisten. Einfach, weil ich selbst die Erfahrung gemacht habe, wie unglaublich hilfreich es ist, sich einmal drastisch vor Augen zu führen, was man alles hat – und wie viel davon möglicherweise in mehrfacher Ausführung. Diesen Lerneffekt gibt es beim Ausmisten von Zimmer zu Zimmer nicht.

**RADIKALKUR**

*Einen wichtigen Tipp möchte ich dir ans Herz legen: Natürlich sollst du dich mit der Methode, die du fürs Großreine-Ausmisten wählst, wohlfühlen. Und natürlich sollst du dich für den Weg entscheiden, der für dich der sinnvollste ist. Entscheide aber nicht danach, was der vermeintlich einfachere Weg ist, im Sinne von: der weniger anstrengende. Nur wenn es anstrengend ist, hat es auch eine nachhaltige Wirkung! Mach es einmal gründlich von oben bis unten, von vorne bis hinten – und dein Haushalt wird nie wieder so chaotisch werden wie zuvor.*

## 05 / AUSMISTEN FÜR EILIGE UND UNENTSCHLOSSENE

Es gibt aber auch noch andere Methoden, seinen Kram mit Spaß und vor allem mit wenig Zeit loszuwerden. Bei Marie Kondo steht die achtsame Auseinandersetzung mit den Gegenständen im Fokus. Man kann die Sache aber auch anders angehen: zum Beispiel beim Ausmisten und Putzen laute Musik anmachen, mit guter Laune durch den Raum tanzen und dabei Sachen loswerden. Hierfür ist die Methode, nach Zimmern vorzugehen, perfekt. Am besten stellst du dafür in der Mitte des Raums Kartons auf, in denen du die aussortierten Gegenstände gleich ordnen kannst: einen Karton für Sachen zum Wegwerfen, einen für Kleiderspenden, einen für Dinge, die verkauft oder verschenkt werden. Ich rate aber, nicht zu viele Unterkategorien aufzumachen und zu viele Kartons aufzustellen, sonst verzettelst du dich am Ende, weil du das Gefühl hast, hinterher zu viele Dinge auf einmal tun zu müssen (z. B. zum Kleidercontainer gehen, zum Wertstoffhof fahren).

***Wann findet der nächste Flohmarkt statt?***

Letztens sprach ich mit Freundinnen ausführlich über das Thema Ausmisten. Eine von ihnen, die schon viel aussortiert hatte und ihren Besitz noch weiter reduzieren wollte, hatte ein Problem, das sie sehr nervte: Es störte sie, dass die aussortierten Sachen so lange in ihrer Wohnung stehen blieben. Sie hatte Säcke voller Kleidungsstücke und wartete auf den nächsten Flohmarkt. Der Anblick der Säcke demotivierte sie und hielt sie davon ab, noch weiter auszumisten, weil sie nicht wusste, wo sie das ganze Zeug zwischenlagern sollte. Das wird sicher vielen so gehen! Aus dem Grund ist es ganz wichtig, schon vorher zu überlegen, wie man die überflüssigen Sachen am schnellsten loswerden kann. Sonst besteht die Gefahr, dass man doch noch mal in die Tüten reinschaut und etwas zum Anziehen herausfischt, das man eigentlich gar nicht mehr behalten wollte!

**TIPP**

—

*Erkundige dich rechtzeitig vor dem Ausmisten, wo du die Sachen entsorgen kannst!*

Deshalb mein Rat: Gestalte die Hürde, dich endgültig von deinen Sachen zu trennen, möglichst niedrig. Wenn es bald einen Flohmarkt gibt, wunderbar. Dann fang ein paar Tage davor mit dem Ausmisten an! Wenn so schnell keine Möglichkeit besteht, zum Flohmarkt zu gehen oder die Sachen zum Sperrmüll zu geben, sprich zum Beispiel mal mit den Secondhand-Ladenbesitzern deiner Nachbarschaft. Es gibt auch die Möglichkeit, paketweise Sachen zu spenden und dafür einen Gutschein zu erhalten. Auf den letzten Seiten des Buchs habe ich dazu Tipps zusammengestellt.

## 06 / SPIELERISCH AUSMISTEN

Wenn du schon mal von Grund auf ausgemistet hast und nun nach Methoden suchst, immer wieder mal zwischendurch was auszusortieren, gefällt dir vielleicht die eine oder andere spielerische Möglichkeit. Damit stellst du immer wieder aufs Neue deine Grundordnung her, ohne das Gefühl zu haben, einen riesigen Berg abarbeiten zu müssen. Diese Methoden sind auch optimal für alle, die lieber schnell und intuitiv vorgehen möchten.

***Der 27-Dinge-Tanz***

Vielleicht kennst du das schon aus dem einen oder anderen Ratgeber: Mal sind es 21 Dinge, mal 27. Auf die Zahl kommt es aber am Ende nicht an. Überlege dir einfach selbst eine bestimmte Anzahl von Dingen, die du, so schnell es geht, aussortieren möchtest. Dann spiel deine Lieblingstanzmusik und suche so schnell wie möglich genau diese Anzahl von Dingen zusammen. Vorher stellst du einen Karton oder Sack bereit, in den du die Sachen reinwirfst. Bei dieser Methode geht es darum, möglichst nicht nachzudenken, sondern intuitiv zu handeln. Wichtig ist auch, dass du den Sack oder Karton möglichst schnell aus dem Haus schaffst, damit du nicht wieder reinschaust und es dir eventuell noch mal anders überlegst. Wenn es dich überfordert, bei diesem Aussortier-Spiel durch den ganzen Haushalt zu tanzen, kannst du dir dafür auch eine bestimmte Ecke in deinem Haus oder deiner Wohnung vornehmen oder nur einen begrenzten Teil deines Kleiderschranks.

Du kannst diese Methode so oft hintereinander anwenden, wie du Lust und Laune hast. Und natürlich kannst du dir dafür auch deine eigenen Regeln aufstellen. Du kannst dir zum Beispiel vornehmen, jeden Tag 18 oder 25 überflüssige Sachen auszuwählen. Oder einmal die Woche auch 50 Dinge. Such dir einfach deinen eigenen Rhythmus! Ich möchte dir nur ans Herz legen, dass du dich wirklich daran hältst. Sonst lässt man es schnell wieder schleifen. Außerdem möchtest du ja auch irgendwann fertig werden mit der Ausmisterei!

***Die Timer-Methode***

Mit Timern zu arbeiten, wird in vielen Ratgebern empfohlen. Es bedeutet, dass du dir einen Wecker mit einer bestimmten Zeit einstellst – und in diesem Zeitraum so viel schaffst wie möglich. Das kannst du natürlich auch aufs Ausmisten anwenden! Überlege dir, wie viel Zeit du pro Tag ins Aussortieren investieren möchtest, stell den Timer ein – und leg los. Auch hier geht es eher darum, schnell und intuitiv vorzugehen. Diesen Trick kannst du übrigens auch beim Putzen anwenden.

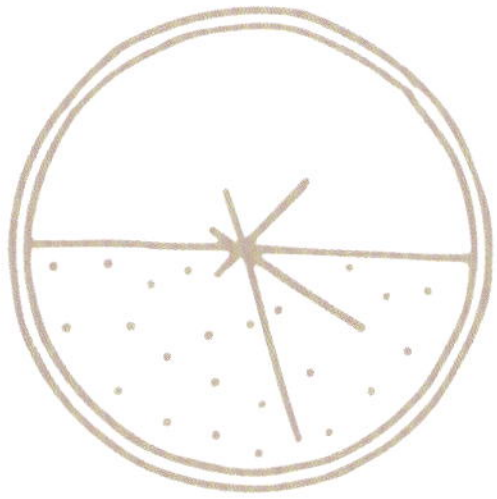

***Immer schön langsam – die Methode für Vorsichtige***

Falls du zu den Menschen gehörst, die sich gern langsam an etwas herantasten, hier noch ein Vorschlag: Du kannst die Menge der Gegenstände, die du ausmisten möchtest, auch jeden Tag steigern. So kannst du dir beispielsweise einen Monat lang vornehmen, jeden Tag ein Teil mehr auszusortieren: am ersten Tag eines, am zweiten zwei, am dritten drei Stück und so weiter!

*Einfach loslassen, was du nicht mehr magst …*

# NIE WIEDER ZU VIELE DINGE! MEINE TOP-FIVE-REGELN

**1 / ONE IN, ONE OUT**

*Eine sehr populäre Regel. Und ausgesprochen sinnvoll! Wenn du ein neues Teil anschaffst, muss ein altes gehen.*

**2 / DIE 100-PROZENT-REGEL**

*Kaufe nie etwas, von dem du nicht hundertprozentig überzeugt bist.*

**3 / NEIN SAGEN**

*Wenn Papa, Mama oder die beste Freundin fragen, ob du dieses oder jenes haben möchtest, weil er/sie es nicht mehr braucht, sag Nein! Nimm nichts nur aus Höflichkeit an (es sei denn, du möchtest es wirklich haben).*

**4 / SOFORT RAUS**

*Sollte dir zu Hause ein Gegenstand in die Hände fallen, den du nicht mehr magst, verschenke oder verkaufe ihn sofort. Gleiches gilt für Kleidung. Kaputte Socken oder Unterhosen? Bitte stopfen. Wenn du das nicht kannst, lass es dir zeigen. Sind sie nicht mehr zu stopfen? Ab in den Müll!*

**5 / KEINE SCHEU**

*Trau dich, ungewollte und ungeliebte Geschenke einfach wieder wegzugeben.*

## 07 / EINE FREUNDIN ODER EINEN FREUND EINLADEN

Falls du eine Freundin oder einen Freund hast, die dir beim Ausmisten helfen möchten, ist das natürlich eine super Sache! Wahrscheinlich wird sie oder er dich nicht den ganzen Prozess über begleiten wollen, aber du kannst sie oder ihn bitten, dir beim Aussortieren Fragen zu stellen, die dir die Entscheidung erleichtern. Geht es beispielsweise darum, den Kleiderschrank auszumisten, können es folgende Fragen sein:

- Wie fühlst du dich in dem Kleid?
- Wann hast du es das letzte Mal getragen?
- Wie oft trägst du es überhaupt?
- Und falls du es noch nie getragen hast:
  Warum mochtest du es bisher nicht anziehen?

So kannst du es auch mit anderen Gegenständen halten. Ganz wichtig ist, dass du deine Freunde bittest, ihre eigene Meinung dazu nur mitzuteilen, wenn du sie ausdrücklich danach fragst. Es geht ja in erster Linie darum, dass du dir selbst Klarheit verschaffst. Wertvoll kann das Feedback jedoch immer dann sein, wenn es um eine Außensicht geht. Zum Beispiel um die Frage, ob deine Freundin der Meinung ist, dass dir etwas besonders gut steht. Oder möglicherweise gar nicht. Deine Freunde sollten dich aber nicht mit ihrem persönlichen Geschmack verunsichern, sondern dich darin unterstützen, mehr Sicherheit über deinen eigenen zu gewinnen. Wenn das gut funktioniert, kann dich die Unterstützung einer Freundin beim Ausmisten sehr motivieren, die Sache durchzuziehen.

»BEI ALLEN METHODEN GILT: WÄHREND DES AUSMISTENS BITTE KEINE NEUEN SACHEN ANSCHAFFEN! (AUSSER BEI LEBENSMITTELN UND HYGIENEARTIKELN NATÜRLICH.)«

KAPITEL

# 04

# DEIN LEBEN ENTRÜMPELN SCHRITT FÜR SCHRITT

KAPITEL 04

# TRAU DICH UND TRENN DICH!

## 01 / *KLEIDUNG ENTRÜMPELN*

Vielen Menschen fällt es schwer, sich von Kleidungsstücken zu trennen. Und nicht wenige von uns haben jede Menge Klamotten unterschiedlicher Stilrichtungen im Schrank, weil sie glauben, sie könnten sich auf diese Weise jeden Tag so anziehen, wie es ihrer Stimmung entspricht. Dagegen ist überhaupt nichts zu sagen. Trotzdem möchte ich dich ermutigen, dir die einzelnen Teile nochmals genauer anzuschauen und dann aus dem Bauch heraus zu entscheiden, ob du dich darin wirklich wohlfühlst.

Wenn ich mir selbst gegenüber ganz ehrlich wäre, könnte ich meinen Kleiderschrank wahrscheinlich auf zehn Teile reduzieren. Ich bin ziemlich weit weg davon, eine Fashionista zu sein! Dir geht es da wahrscheinlich anders. Vielen Leuten macht Mode Spaß, und das ist auch toll. Möglicherweise bist du aber gerade in einer Phase, in der du dich neu erfinden möchtest. Diesen Motivationsschub kannst du jetzt auch perfekt für die Neuausrichtung deines Anziehstils nutzen!

Gerade bei Kleidung sieht man sehr deutlich, wer man war, wer man ist und wer man sein möchte. Sicher kennst du den Rat, man solle sich für den Job kleiden, den man haben möchte, und nicht für den, den man schon hat. Das Sprichwort „Kleider machen Leute" geht in die gleiche Richtung. Als ich meinen Kleiderschrank nach der KonMari-Methode entrümpelte, hatte ich noch kein Kind. Trotzdem konnte ich mich mit vielen Kleidungsstücken nicht mehr identifizieren. Ich fand mich darin zu jugendlich. Mir war einfach danach, mich ab sofort etwas erwachsener zu kleiden. Also sortierte ich die engen, bauchfreien Tops aus, genauso den billigen Modeschmuck. Mir war klargeworden, dass ich mich in Statementketten irgendwie verkleidet fühlte.

Es lohnt sich also, dir zu überlegen, wie du dich selber siehst. Welche Person findest du toll angezogen? Mit welchem Stil kannst du dich identifizieren? Manchmal wächst man aus einem Kleidungsstil heraus, ohne es zunächst richtig zu bemerken. Irgendwann aber kommt der Moment, in dem es einem bewusst wird. Dann stellt man fest, dass man die meisten Sachen im Schrank nicht mehr wirklich toll findet. Wenn du vor deinem vollen Kleiderschrank stehst und nichts zum Anziehen findest, sollten alle Alarmglocken schrillen. Dann ist es wirklich an der Zeit, sich von vielem zu verabschieden!

Das gilt vor allem für jedes Kleidungsstück, das dir nicht (mehr) passt! Eine Jeans, die überall zwickt und kneift, wird dir immer ein schlechtes Gefühl geben. Ich halte es für höchst demotivierend, sich Tag für Tag in eine Hose zu zwängen, nur um festzustellen, dass der Knopf noch immer nicht zugeht. Nimm dich so an, wie du jetzt bist! Lebe im Moment, nicht in der Vergangenheit, als du dich schlanker fühltest. Und lebe auch nicht in der Zukunft, in der du vielleicht irgendwann mal wieder weniger auf die Waage bringen wirst. Trage genau die Kleidung, in der du dich jetzt, in dieser Lebensphase, gut fühlst. Alles andere: Goodbye!

Ich kenne aber auch den umgekehrten Fall: Ich half mal einer jungen Frau, die stark abgenommen hatte, beim Ausmisten. Die Kleidung aus ihrer „pfundigeren" Zeit hatte sie immer noch im Schrank hängen. Es fiel ihr sehr schwer, sich davon zu trennen. Die Kleidungsstücke erinnerten sie an die große Leistung, die sie erbracht hatte, um abzunehmen. Das konnte ich gut nachvollziehen. Dennoch ermutigte ich sie, darauf zu vertrauen, dass sie den Gedanken an diese Leistung und den Stolz auf diesen Erfolg ja für immer in sich trägt!

## MEINE TIPPS ZUM KLEIDER-AUSSORTIEREN

— *Wenn du ein Teil ein Jahr oder länger nicht mehr anhattest, gehört es höchstwahrscheinlich nicht zu deinen Lieblingskleidungsstücken. Weg damit!*

— *Wenn etwas kaputt ist und du dir seit Monaten nicht die Mühe gemacht hast, es zu reparieren oder zum Schneider zu bringen, ist es wahrscheinlich nicht so wichtig, dass du es unbedingt behalten musst!*

— *Mache nicht alle aussortierten Teile zu „Chill"-Klamotten, die du nur zu Hause trägst. Meist reichen zwei Garnituren vollkommen aus.*

— *Wenn du dir unsicher bist, packe die Sachen in einen Karton, verstaue ihn und schau, ob du die Sachen darin vermisst. In den meisten Fällen wirst du recht bald vergessen, was drin ist.*

## 02 / GESCHENKE VERABSCHIEDEN

Weil wir Geschenke immer mit den Menschen verbinden, die sie uns überreicht haben, tun wir uns besonders schwer, sie auszusortieren. Selbst dann, wenn wir sie vielleicht gar nicht mögen. Wir würden uns als undankbar empfinden und ein schlechtes Gewissen bekommen.

Trotzdem möchte ich dich ermutigen, die Sache mal aus anderer Perspektive zu betrachten. Geschenke geben immer auch dem Schenkenden ein gutes Gefühl! Wir kennen das von uns selbst. Wir fühlen uns gut, wenn wir etwas Besonderes für jemanden kaufen oder uns Mühe geben, für einen lieben Menschen etwas selber zu machen. Wenn wir das im Hinterkopf haben, können wir guten Gewissens davon ausgehen, dass der Gegenstand, den wir bekommen haben, schon im Moment der Übergabe seinen Zweck erfüllt hat: Er hat auch den Schenkenden glücklich gemacht.

Eine Weile habe ich mal versucht, meinen Lieben klarzumachen, dass ich nichts geschenkt bekommen möchte. Das kam gar nicht gut an. Es wurde mir als falsche Bescheidenheit ausgelegt – und so bekam ich am Ende doch lauter Dinge, die ich nicht wollte.

Eine meiner Freundinnen wird von ihrer Mutter zum Geburtstag und zu Weihnachten immer mit Geschenken überhäuft – ob gewünscht oder nicht. An ihr bewundere ich, dass sie sich traut, ihrer Mutter klipp und klar zu sagen, wenn ihr etwas nicht gefällt. Dann wandert das gute Stück eben zurück in den Laden! Ich gebe zu: Ich könnte das nicht. Das ist der Grund, weshalb ich lieber gar keine Geschenke bekommen möchte – außer, ich wünsche mir ausdrücklich etwas. Dass ich ungern beschenkt werde, hat etwas mit meiner Erziehung zu tun. Mir wurde leider vermittelt, dass es nicht ausreicht, sich einmal zu bedanken. Vielmehr wurde – wie ich es empfand – eine regelrechte Dankesorgie erwartet. Natürlich ist es wichtig, Kindern beizubringen, dass sie die Dinge, die sie bekommen, wertschätzen sollen. In meinem Fall war es aber so, dass ich irgendwann einfach gar nichts mehr haben wollte. Anstatt mich einfach freuen zu dürfen, spürte ich den Druck, mich übermäßig bedanken zu müssen. Das belastete mich. Eines können Geschenke nämlich sehr gut: emotionalen Druck auslösen.

»WENN WIR PROBLEME HABEN, UNS VON GESCHENKEN ZU TRENNEN, SOLLTEN WIR UNS VIELLEICHT DIE BEZIEHUNG ZUM SCHENKENDEN ANSCHAUEN UND VERSUCHEN, DARAN ZU ARBEITEN.«

## 03 / DIE VERGANGENHEIT LOSLASSEN

Oft fällt es uns schwer, Dinge zu entsorgen, weil wir sie mit einem bestimmten Lebensabschnitt verbinden. Ich war in der Grundschule eine gute Schwimmerin, nahm regelmäßig an Wettbewerben teil und habe einige Medaillen gewonnen. Beim Ausmisten fielen sie mir wieder in die Hände. Ich wusste nicht recht, wohin damit. Sie weckten schöne Erinnerungen. Mir fiel die Entscheidung schwer, mich von ihnen zu trennen. So ging ich rational an die Sache heran: Ich fragte mich, ob ich mir vorstellen könnte, sie an einer Stelle zu platzieren, wo man sie gut sehen konnte. Die Antwort war ein klares Nein. Im nächsten Schritt machte ich mir bewusst, dass ich die Medaillen nicht brauchte, um mich an die schöne Zeit zu erinnern. Damit war die Sache abgehakt. Ich bereue die Entscheidung bis heute nicht.

Einmal bat mich ein Mann um Unterstützung, der von seiner Ehefrau sitzengelassen worden war und alleinerziehender Vater war. Er hatte noch sehr an der Trennung zu knabbern. Es fiel ihm schwer, die Sachen, die mit seiner Exfrau zu tun hatten, etwa Erinnerungsstücke an die Hochzeit, auszusortieren. Alle diese Dinge waren mit Freude und Schmerz gleichzeitig verbunden. Nach und nach konnte er sich von einigen Dingen trennen.

Ich möchte keinesfalls behaupten, dass man sich von allen Erinnerungsstücken lossagen soll! Es lohnt sich aber, Dinge, die mit negativen Gefühlen verbunden sind, zu verabschieden. Denken wir noch mal an Feng Shui und stellen uns vor, von welch negativer Energie solche Dinge umgeben sind. Wenn wir sie behalten, räumen wir unguten Gefühlen im wahrsten Sinne des Wortes Raum ein. Indem sie Raum in unserer Wohnung einnehmen, besetzen sie auch Raum in uns selbst. Ich bin fest davon überzeugt, dass nichts Neues, Schönes in unser Leben treten kann, solange wir an der Vergangenheit festhalten.

Karen Kingston sagt, Angst und Liebe könnten nicht am gleichen Ort existieren. Lasse frischen Wind in deine Wohnung und dein Leben, indem du Sachen gehen lässt, die dich in der Vergangenheit halten! Die Vergangenheit kommt nicht wieder. Jetzt ist es so, wie es ist – und das ist der Startpunkt, von dem aus wir die Zügel in die Hand nehmen!

# PRAKTISCHE TIPPS, UM EMOTIONALES LOSZULASSEN

**1 / FÜR GANZ MUTIGE**

*Du hast Erinnerungsstücke in Kisten und Kartons im Keller, in der Abstellkammer oder auf dem Dachboden, vielleicht sogar noch im Elternhaus liegen? Wenn du dich absolut nicht daran erinnern kannst, was sich in diesen Kisten befindet, kannst du sie einfach ungesehen spenden. Was du bis jetzt nicht vermisst hast, wirst du auch in Zukunft nicht vermissen.*

**2 / KARTONMETHODE**

*Sammle deine emotionalen Gegenstände in einem Karton, verstaue ihn für sechs Monate und schaue nicht hinein. Nach dieser Zeit holst du ihn heraus und versuchst, dich vor dem Öffnen an die einzelnen Gegenstände zu erinnern. Alles, woran du dich erinnern kannst, darf bleiben. Der Rest muss gehen.*

**3 / SPÜRE IN DICH HINEIN**

*Warum ist es so schwer, dieses oder jenes Ding gehen zu lassen? Vielleicht ist es eine problematische Beziehung, eine nicht bewältigte Vergangenheit. Gehe diese emotionalen Baustellen an, dann kannst du das Materielle besser loslassen.*

**4 / WEITERGEBEN**

*Verschenke Sachen, von denen du dich befreien möchtest, an Freunde oder Verwandte, die etwas damit anfangen können. Oft ist es hilfreich zu wissen, dass die Dinge in guten Händen sind. Achtung! Gib die Dinge wirklich frei. Löse keinen Druck aus, indem du regelmäßig nach den Sachen fragst. Akzeptiere, dass der neue Besitzer damit tun kann, was er will. Spürt das Gegenüber eine Verpflichtung, löst das negative Gefühle aus. Und das möchtest du sicher nicht.*

## 04 / PAPIERKRAM ENTRÜMPELN

Papierkram ist das, wonach ich am häufigsten gefragt werde. Wie sortiere ich ihn aus, wie halte ich ihn in Schach? Nervig an Papierkram ist, dass man manche Unterlagen aufbewahren muss. Obwohl man ziemlich sicher ist, dass man sie höchstwahrscheinlich nie wieder brauchen wird. Als Selbstständige bin ich beispielsweise dazu verpflichtet, alle geschäftlichen Belege zehn Jahre aufzubewahren. Das ist eine ganz schön lange Zeit für Papierzeugs, mit dem man längst abgeschlossen hat. Bevor du dich ans Aussortieren machst, solltest du dich daher unbedingt schlaumachen, welche Unterlagen wie lange aufbewahrt werden müssen. Sonst kommst du am Ende noch in Teufels Küche.

Darüber hinaus gibt es unendlich viele Dinge auf Papier, die wir unnötigerweise behalten. Neulich erst machte ich mich daran, Infokram mehrerer Schauspielworkshops zu sortieren. Aus sentimentalen Gründen hatte ich die Unterlagen aufbewahrt. Außerdem dachte ich, dass ich sie vielleicht irgendwann noch einmal brauchen könnte. Doch wenn ich ehrlich bin, will ich sie gar nicht mehr brauchen! Als mir das bewusst wurde, konnte ich sie wegwerfen. Außerdem kommt „irgendwann" nie!

### *Manchmal ist es zum Verzweifeln*

Eine Frau, der ich beim Ausmisten half, hatte in ihrer Küche einen ganzen Korb mit Zetteln von Lieferservicefirmen. Sie war der Meinung, falls sie etwas zu essen bestellen wollte, könnte sie die alle gebrauchen. Mein Argument, es gebe in der heutigen Zeit Onlineplattformen für Lieferdienste, ließ sie nicht gelten. Auch mein Vorschlag, nur die Infozettel ihrer Lieblingsrestaurants aufzuheben, überzeugte sie nicht. Es könnte ja der Fall eintreten, meinte sie, dass sie auf etwas Appetit habe, das online nicht aufgeführt sei. Meist kann ich gut nachvollziehen, aus welchen Gründen es Menschen schwerfällt, sich von manchen Dingen zu trennen. In diesem Falle aber bin ich fast verzweifelt. Die Frau war so durch und durch geprägt von ihrer Angst, etwas loszulassen, dass es ihr sogar schwerfiel, profane Lieferzettel wegzuschmeißen. Sollte es dir ähnlich ergehen, frage dich, was wirklich dahintersteckt. Ich vermute, es könnte der Wunsch nach Sicherheit sein.

***Kein Weltuntergang!***

Dinge loszulassen, kann ja auch wirklich ein bisschen Angst machen. Überlege dir in so einem Moment einfach in Ruhe, was denn im allerschlimmsten Falle passieren könnte. Zum Beispiel die Sache mit den Lieferzetteln. Worst Case wäre, dass man sich durch einen Lieferdienst klickt, dort etwas zu essen bestellt – und am Ende schmeckt es nicht. Aber: Ist das ein Weltuntergang? Das Beispiel mag banal sein, aber so kann man es mit allen anderen Sachen auch halten. Gerade bei Papierkram lohnt sich die Überlegung, ob man den Wisch wirklich braucht. Wenn nicht, weg damit! Und falls du nicht sicher bist, ob du ihn noch brauchen wirst, es letztlich aber für unwahrscheinlich hältst, überlege einfach, ob du dir die Info im Falle des Falles wieder besorgen kannst. Und seien wir mal ehrlich: Wie viele Unterlagen braucht man im digitalen Zeitalter eigentlich wirklich noch in Papierform? Klar, es gibt Geburtsurkunden und Belege fürs Finanzamt, die man aufheben muss – aber im Grunde hat sich die Sache damit auch schon!

## MEINE TOP 5 TIPPS, WIE DU PAPIERKRAM IN SCHACH HÄLTST

**1** / *Regelmäßig durchschauen, mindestens einmal im Jahr*

**2** / *Papierkram möglichst sofort erledigen und wegsortieren. Keine Haufen bilden!*

**3** / *Eine übersichtliche Ablagemöglichkeit finden*

**4** / *Werbung und anderes ungewolltes Papier sofort wegschmeißen*

**5** / *Keine Prospekte, Visitenkarten etc. annehmen, die du nicht brauchst*

*Behalte nur, was dich wirklich glücklich macht.*

## 05 / „DAS IST DOCH NOCH GUT" UND „DAS BRAUCHE ICH VIELLEICHT IRGENDWANN!"

Mit Sicherheit kennst du diese beiden Argumente. Wenn ich Leuten beim Ausmisten helfe, höre ich diese Einwände am allerhäufigsten. Genau dafür hat Marie Kondo ein Kapitel ihres Buches mit „Irgendwann kommt nie" überschrieben. Sehr treffend. Kann ich nur unterschreiben! Ich stimme auch Karen Kingston zu, die vermutet, dass wir in diesem Falle nicht genug darauf vertrauen, dass das Leben uns schon die nötigen Dinge bereitstellen wird, wenn wir sie wirklich brauchen.

Ich verstehe, warum es schwer sein kann, sich von Dingen zu trennen, die „noch gut" sind. Für meinen Freund ist das auch so ein Totschlagargument. Richard hatte mal eine Phase, in der er leidenschaftlich gern Schuhe gekauft hat. Man unterstellt ja oft Frauen einen Schuhtick, bei uns ist es umgekehrt. Als ich anfing, unsere Wohnung auszumisten, ließ sich Richard glücklicherweise größtenteils davon anstecken. Nicht so radikal wie ich, aber immerhin so, dass er großen Gefallen daran fand, manche Dinge wegzugeben. Das Thema Schuhe ist aber eines, bei dem ich mir jedes Mal den Mund fusselig rede. Ich weiß, ich weiß: Wir können nur uns selbst ändern, nicht die anderen. Richard besitzt unzählige Schuhe, die er nie trägt, weil er sie nicht mehr mag. Trotzdem seien sie ja „noch gut". Er meint damit, dass sie noch eine intakte Sohle haben oder vielleicht nicht so runtergelatscht sind, dass man sich damit nicht mehr auf die Straße trauen könnte. Mein Argument, dass man sie doch wunderbar verkaufen, verschenken oder spenden könnte, gerade WEIL sie ja noch gut seien, stößt auf taube Ohren. Also stehen die ungeliebten Treter im Schrank und nehmen Platz weg.

Jetzt haben wir uns aber auf einen Plan geeinigt: Richard kauft so lange keine neuen Schuhe mehr, bis alle Paare, die er hat, von den Füßen fallen. An sich ist dieser Plan gar nicht schlecht, und Richard hat sich an das selbstauferlegte Schuhkaufverbot bisher auch gehalten. Dass er bis an sein Lebensende Schuhe tragen muss, die ihm eigentlich gar nicht gefallen, ist ein Opfer, dass er bereit ist, zu erbringen.

***Ein neues, liebevolles Zuhause***

Ich denke da anders: Mir gefällt es, wenn Sachen, die ich nicht mehr mag, von jemandem genutzt werden, der sich darüber freut. Perfekt dafür ist zum Beispiel die Onlineplattform für Secondhand-Kleidung, die ich gerade für mich entdeckt habe. Ich bekomme einfach keinen Flohmarktstand voll, weil ich nicht so viel zum Aussortieren habe und weil ich nicht der Typ bin, der gerne Dinge sammelt. Deswegen bietet es sich an, auch mal Einzelteile verkaufen zu können. Ich freue mich immer total, wenn meine Schrankleichen eine neue Besitzerin finden. Ich weiß einfach, dass sie meine Anziehteile mehr schätzen wird als ich.

Letztens hatte ich dazu ein sehr süßes Erlebnis in meinem Kiez in Berlin. Da wo ich lebe, ist immer Sperrmüll. Nicht offiziell, aber es hat sich so eingebürgert, dass jeder Sachen vor die Tür stellt, die er nicht mehr möchte. Natürlich ist da auch manchmal Zeugs dabei, das einfach nur Müll ist, aber in den meisten Fällen sind die Sachen, die auf der Straße stehen, brauchbar. Ich habe schon Regale, einen Couchtisch, Esstischstühle und sogar einen Leinenanzug mitgenommen, aus dem ich dann einen Kissenbezug genäht habe. Neulich stellte ich einen Stuhl aus meiner Werkstatt, den wir nie nutzten, vor die Tür. Wenig später saßen wir ein paar Straßen weiter in einem Café zum Mittagessen, und ein junges Pärchen kam vorbei – er mit unserem Stuhl unterm Arm! Sie hielten am Nachbartisch an, anscheinend saßen dort Freunde des Pärchens, und zeigten stolz ihren Fund. Das machte mich sehr glücklich, weil ich daraus ersehen konnte, dass mein Stuhl jetzt ein neues, liebevolles Zuhause bekommen würde.

Dass etwas „noch gut“ ist, bedeutet ja auch, dass es nicht nur für dich, sondern auch für andere noch gut ist! Mit dem Unterschied jedoch, dass es jemand anderem mehr Freude macht als dir. Wenn das nicht der perfekte Grund ist, es weiterziehen zu lassen!

Zurück zum Satz: „Das brauche ich vielleicht irgendwann!“ Solche Kommentare finden sich immer wieder unter meinen YouTube-Videos zum Thema Ausmisten. Jedem von uns fallen auf Anhieb Dinge ein, die irgendwo rumliegen, weil wir denken, sie könnten irgendwann für irgendetwas nützlich sein. So etwas gibt es auch bei uns: Schuhputzzeug! Ich habe schon die Hälfte von dem, was wir diesbezüglich hatten, entsorgt, finde aber, wir haben immer noch zu viel – jedenfalls mehr, als wir benutzen. Immer wenn ich Richard frage, ob ich es wegtun könne, sagt er, er werde es benutzen und einen regelmäßigen Schuhputztag einführen. Fakt ist: Bisher ist das nie passiert. Ich vermute stark: Es wird auch nie passieren. So ist es mit vielen Sachen. Sie stehen ungenutzt herum. Und machen ein schlechtes Gewissen! Mein Blick fällt auf die Schuhcreme und ich denke: „Ich sollte mich endlich mal um meine Schuhe kümmern!“ So ist es auch mit dem Entsafter. Der sagt auch immer zu mir: „Vielleicht solltest du endlich mal deine Selleriekur machen!“

Sicher hast auch du deine persönlichen Schrankhüter, die eher nie als „irgendwann“ zum Einsatz kommen. Dabei muss man viele Dinge gar nicht selbst besitzen, um sie benutzen zu können. Man leiht sich ja auch mal beim Nachbarn ein Ei für den Pfannkuchenteig aus. Und der Nachbar erwartet dann auch nicht, dass man ihm gleich am nächsten Tag wieder ein Ei zurückgibt. Als ich vor ein paar Monaten mein Schlafzimmer renovierte, brauchte ich eine Kartuschenpresse und wusste, dass ich eine im Keller hatte. Wie sich herausstellte, war sie defekt. Es dauerte keine zehn Minuten, und ich fand eine Nachbarin, die mir mit ihrer aushalf. Ich machte meine Arbeit und brachte sie wieder zurück. Das war viel einfacher, als in den Baumarkt zu rennen, eine zu kaufen und sie dann bei mir rumliegen zu haben!

Dass „irgendwann“ nie kommt, wurde mir besonders auch bei meinen Büchern klar. Ich hatte Phasen in meinem Leben, in denen ich viel las. Aber auch Phasen, in denen ich kein Buch in die Hand nahm. Als beim Ausmisten die Kategorie „Bücher“ an die Reihe kam, wurde mir erst so richtig bewusst, wie viele Bücher ich noch immer nicht gelesen hatte! Das löste in mir enormen Druck aus, weil ich instinktiv wusste, dass ich mir die Zeit zum Lesen vorerst nicht nehmen würde. Also verschenkte ich sie an ein Antiquariat. Und wenn ich jetzt Lust habe, etwas zu lesen, bediene ich mich in Richards Bibliothek. Oder ich kaufe mir ein Buch, das ich dann auch wirklich sofort wegschmökere. Seit einiger Zeit sind Hörbücher mein Favorit. Bücherhören passt besser in meinen Alltag. Es hat den Vorteil, dass keine Bücher Platz wegnehmen. Klarer Nachteil nur: Man kann in Hörbücher keine Zettel kleben. Das mache ich nämlich leidenschaftlich gern!

**TIPP**

*Meinst du nicht auch, du könntest Sachen, die du nur selten brauchst, einfach leihen? Dann nehmen sie zu Hause keinen Platz weg. Und du musst auch kein Geld dafür ausgeben. In einer Gemeinschaft von Freunden, Verwandten und Nachbarn wird sich das immer irgendwie ausgleichen und jeder kann mal von etwas profitieren, das andere haben – und umgekehrt.*

## 06 / WIE BRINGE ICH MEINEN PARTNER DAZU, MITZUZIEHEN?

Diese Frage stellt sich nicht nur beim Thema Ausmisten. Sondern überhaupt im Haushalt – und beim Ordnunghalten generell. Und ich möchte gleich mit dem allerwichtigsten Ratschlag beginnen: Du musst es vorleben! Alles, von dem du möchtest, dass dein Partner es tut, musst du ihm selber vorleben. Practice what you preach!

Ob man selbst etwas perfekt beherrscht oder nicht, ist dabei nicht so wichtig. Es geht um die Haltung und Einstellung. Als ich meine Schauspielausbildung machte, hatte ich einen Schauspiellehrer, bei dem ich mir nicht ganz sicher war, ob er ein wirklich guter Schauspieler ist. Doch er hatte die Gabe, aus uns Schülern das Beste herauszuholen. Natürlich lässt man sich am liebsten von jemandem unterweisen, der selbst ein Meister seines Fachs ist. Noch mehr aber kommt es darauf an, Motivation vorzuleben. Und Eigenverantwortung. Ich beobachte das jeden Tag aufs Neue bei Richard und mir. Wenn ich ordentlich bin und meine Sachen nicht herumliegen lasse, macht er es auch. Umgekehrt verhält es sich ebenso. Dann läuft es nach dem Motto: „Warum sollte ich meine Sachen wegräumen, wenn du dein Zeug überall verstreust?" Als ich mit dem Ausmisten anfing, ließ sich Richard ziemlich schnell davon anstecken. Er machte sich zwar ein bisschen darüber lustig, wie radikal ich die Sache anging, aber ihm ist auch klar, dass es Teil meines Jobs ist, verschiedene Aufräumstrategien selber auszutesten. Trotz anfänglicher Skepsis packte ihn nach und nach der Ehrgeiz, seinen eigenen überflüssigen Kram ebenfalls loszuwerden. Es war seine eigenständige Entscheidung.

***Es geht auch ohne Druck!***

Uns allen fällt es manchmal schwer, uns Kommentare zu verkneifen, wenn uns das Verhalten des Partners im Haushalt gegen den Strich geht. Nur bringt uns die Nörgelei nicht weiter. Sie führt nur zu Streit. Wenn man selbst ständig rummeckert und Forderungen stellt, wird die Stimmung immer mieser. Und beide Partner haben immer weniger Lust, sich darum zu kümmern, dass die Wohnung aufgeräumt ist. Noch mehr trifft das aufs Ausmisten zu. Die Motivation dazu muss vom Partner selber kommen.

Druck löst nur Trotz aus. Er bewirkt das Gegenteil dessen, was du erreichen möchtest. Ich spreche da aus Erfahrung. Bei Richard und mir gibt es eine Sache, die immer wieder für Diskussionen sorgt. Einfach, weil ich dieses Teil nicht akzeptieren kann und es meistens nicht schaffe, meine Bemerkungen dazu herunterzuschlucken. Es handelt sich um Richards Hantelbank. Dazu gehören ein verstellbares Rückenteil und noch zwei Kurz- und zwei Langhanteln. Du kannst dir also ungefähr vorstellen, wie viel Platz dieses Equipment einnimmt. Ich weiß nicht, wann und warum Richard sich die Hantelbank angeschafft hat, aber Fakt ist, dass sie in der Zeit, in der Richard bei mir wohnt, ungefähr dreieinhalb Jahre also, vermutlich nur an die zwanzig Mal benutzt wurde. Ich wiederum besitze eine Nähmaschine, die ich auch nur dreimal im Jahr auspacke. Trotzdem möchte ich sie nicht missen. Ist das sinnvoll? Wahrscheinlich nicht. Möchte ich sie trotzdem behalten? Auf jeden Fall! So geht es Richard auch mit seiner Hantelbank. Ich werde das vermutlich nie verstehen und es wird mich wahrscheinlich immer nerven, dass das blöde Ding in der Ecke steht, aber mit meinem Gemecker komme ich keinen Schritt weiter.

Im Gegenteil: Je mehr ich dieses Ertüchtigungsgerät verfluche, desto mehr möchte sich Richard schützend davorstellen. Im Englischen gibt es dazu die Weisheit:

„What you resist, persists." Heißt: Wir können anderen nicht vorschreiben, wie sie zu leben haben. Aber wir können mit gutem Beispiel vorangehen – und vielleicht schaut sich der Partner dann etwas davon ab!

Damit kein Missverständnis aufkommt: Ich bin nicht dafür, dass ein Partner den ganzen Haushalt alleine schmeißt, nur weil der andere keinen Bock darauf hat. Da hilft nur, die Aufgaben im Haushalt so zu verteilen, dass jeder weiß, was er zu tun hat. Angenehmere und nicht so angenehme Aufgaben sollten gerecht auf beide Partner verteilt sein. Bei uns ist Richard fürs Saugen, Einkaufen und Kochen zuständig. Das heißt nicht, dass er nicht auch mal die Waschmaschine anschmeißen würde oder ich abends nicht auch mal am Herd stehe. Wir machen auch oft Sachen zusammen, zum Beispiel Wäsche aufhängen oder die Spülmaschine ausräumen.

»NUR MIT GEMECKER KOMMT MAN KEINEN SCHRITT WEITER!«

Immer wieder höre ich aus meiner Instagram- und YouTube-Community, dass viele Frauen unzufrieden mit der Haushaltsarbeit ihrer Männer sind. Und dass sie es dann meist lieber gleich selber machen. Ich kenne das von mir auch. Ich weiß aber auch, dass es für einen Partner ziemlich demotivierend ist, wenn der andere Lebenspartner nie zufrieden ist, ständig herumbessert und darauf herumreitet, dass etwas nicht richtig gemacht wurde. In dem Fall müssen wir uns entweder mehr entspannen und über die nicht gesaugte Ecke unterm Couchtisch hinwegsehen oder eben heimlich hinterhersaugen. Man sagt ja auch, man solle Kinder, die sprechen lernen, nicht verbessern, weil sie das verunsichere und sie dann schnell keine Lust mehr hätten, etwas zu sagen, aus Angst, Fehler zu machen. Das ist nachvollziehbar. Und, wie ich finde, auch auf Erwachsene übertragbar.

***Und jetzt: das Zauberwort!***

Ein ganz wichtiger Punkt ist, auch mal Danke zu sagen. Dass beide sich um den Haushalt kümmern, sei selbstverständlich, meinst du? Ja und nein. Auf der einen Seite ist es nur logisch, dass ihr den Haushalt gemeinsam schmeißt. Auf der anderen Seite bricht uns allen kein Zacken aus der Krone, wenn wir einfach mal sagen: „Danke, dass du die Küche sauber gemacht hast!" Dein Partner wird sich wertgeschätzt fühlen. Und das wird ihn motivieren. Es wäre natürlich schön, wenn das auf Gegenseitigkeit beruht. Wenn ihr euch Wertschätzung entgegenbringen könnt für das, was jeder von euch beiden im Haushalt an Pflichten übernimmt. Aber auch hier musst du wieder bei dir selber beginnen: Fange an, dich bei deinem Partner zu bedanken, wenn du nach Hause kommst und das Essen auf dem Tisch steht. Oder wenn er eingekauft hat. Oder den Müll runtergebracht. Ich bin davon überzeugt, dass sich das nicht nur auf die gemeinsame Hausarbeit, sondern auch auf die gesamte Beziehung positiv auswirken wird. Gerade in Alltagssituationen macht das kleine Wort „Danke" einen großen Unterschied. Und noch eine Kleinigkeit: Ich schreibe natürlich aus meiner eigenen weiblichen Perspektive. Aber alle diese Tipps gelten natürlich auch aus Männersicht!

# MEINE TOP 5 TIPPS, UM DEN PARTNER ZUM MITMACHEN ZU BEWEGEN

**1 / VORBILD SEIN!**

*Fange bei dir selbst an und setze das Ausmisten und Aufräumen selbst so um, wie du es dir von deinem Partner wünschst.*

**2 / VERTEILT GEMEINSAME AUFGABEN!**

*Im besten Falle kann jeder seine Lieblingshaushaltspflichten übernehmen (meistens sind sie zum Glück unterschiedlich).*

**3 / NICHT VERBESSERN UND MASSREGELN!**

*Das demotiviert. Und frustriert letztlich beide.*

**4 / NICHT ÜBERGRIFFIG WERDEN!**

*Verlange nicht von deinem Partner, auszumisten, nur weil du es tust. Vergreife dich im Wegräumwahn auch nicht an seinen Sachen. Er wird es selbst tun, wenn er bereit dazu ist. Alles andere endet nur in Streit.*

**5 / THANK YOU!**

*Bedanke dich bei deinem Partner, wenn er dich unterstützt und dir den Rücken freihält.*

## 07 / JEDE WOHNUNG IST EINE TRAUMWOHNUNG

Eine Freundin von mir sucht seit längerem eine Wohnung in Berlin. Regelmäßig fragt sie mich um Rat, weil sie im Vorfeld ausmisten möchte. So recht weiter kommt sie damit aber nicht. Ihre derzeitige Wohnung ist sehr klein und sehr voll. In Gedanken ist meine Freundin schon in ihrer neuen Wohnung. Sie malt sich aus, wie sie sich darin einrichten möchte. Sie stellt sich vor, was dann alles anders sein würde. Sie ist beherrscht von dem Gedanken, dass ihr ganzes Chaos schon in Ordnung kommen werde, wenn sie erst mal eine neue Wohnung hat.

Ich glaube aber, sie könnte die Sache auch andersrum angehen. Denn eine neue Wohnung gibt es (noch) nicht. Man muss also mit der zurechtkommen, in der man gerade wohnt. Und wie lange sich das hinziehen wird, lässt sich nur schwer vorhersagen. Möchte man solange in einer vollgeramschten Rumpelkammer wohnen? Vielleicht übertreibe ich jetzt. Ich denke aber, dass wir uns alle viel wohler fühlen würden, wenn wir aus den räumlichen Gegebenheiten, die nun mal da sind, das Beste machen.

### *Es gibt immer eine Lösung!*

Wenn du meine Social-Media-Kanäle verfolgst, weißt du sicher, dass ich seit Jahren von einem Bauernhaus in Frankreich träume. Ich bin in Berlin geboren und aufgewachsen und habe außer ein paar kurzen Auslandsaufenthalten nie woanders gelebt. Klar romantisiere ich das Landleben. Ich verdränge auch die Schattenseiten. Aber ich finde, ich muss es einfach mal ausprobiert haben, um wirklich zu wissen, ob ich mich langfristig auf dem Land sehe – oder doch in der Stadt. Mein Traumhaus in Frankreich existiert natürlich nicht. Genauso wenig wie ein anderes Haus. Ich weiß noch nicht einmal, ob ich je aufs Land ziehen werde. Fakt ist: Im Moment lebe ich in einer Berliner Altbauwohnung. Ohne Balkon, dafür mit einem schönen Dielenboden.

Für die wenigsten Menschen gibt es das Traumhaus oder die Traumwohnung. Die wenigsten von uns sind Celebrities, die ein paar Millionen für ein Anwesen am Meer mit Pool ausgeben könnten. Wir können das entweder bedauern oder wir können uns mit dem anfreunden, was unsere Mittel hergeben. Wenn wir ordentlich ausgemistet haben und nur noch von unseren Lieblingsteilen umgeben sind, können wir gucken, was wir aus unserer Wohnung noch alles herausholen können. Ich zum Beispiel habe einen extrem dunklen Flur. Wenn man zur Eingangstür reinkommt, fällt man mehr oder weniger in ein schwarzes Loch. Das hat mich so immens gestört, dass ich mithilfe von Richard und meinem Vater unter der Decke eine Schiene für indirektes Licht montierte. Das ersetzt zwar kein Fenster, aber der Flur kann jetzt so hell erleuchtet werden, dass man bestimmt nicht mehr denkt, man betrete eine Höhle. Das größte Manko an meiner Wohnung aber ist, dass sie keinen Balkon hat. Um dennoch ein bisschen Balkon- oder Gartenfeeling aufkommen zu lassen, brachte ich an allen Fenstern sturmsichere Balkonkastenhalterungen an. Der Unterschied ist unglaublich! Der Blick wird jetzt nach draußen gelenkt. Automatisch stellt sich ein Gefühl von mehr Weite ein. Und ich finde es wahnsinnig schön, zu beobachten, wie die Blumen vor dem Fenster sich im Wind bewegen.

Es gibt so viele einfache Möglichkeiten, eine Wohnung zur Traumwohnung zu machen! Einfach mal eine Wand streichen, sich ans Tapezieren wagen, die alte Kommode lackieren, in einen Einbauschrank investieren. Es macht Spaß, es sich zu Hause schön zu machen! Wenn du dir neue Möbel kaufen möchtest, überlege dir vorher, ob du diese auch in dein Traumhaus mitnehmen würdest. Nur wenn du die Frage bejahen kannst, magst du die Möbel wirklich! Und falls du jetzt überlegst, ob das nicht alles einen Haufen Geld kostet, kann ich dich beruhigen: Um eine Kommode zu streichen, reicht eine Dose Lack für gute 10 Euro. Eine Wand zu streichen, kostet meiner Erfahrung nach zwischen 30 und 50 Euro. Vergleichsweise Kleinigkeiten, die einen großen Effekt haben. Du musst ja auch nicht alles auf einmal machen! Wenn du auf der Suche nach günstigen Möbeln bist, schau dich auf dem Sperrmüll, auf Onlineportalen für Gebrauchtwaren oder auf dem Trödelmarkt um. In Trödelläden oder Sozialkaufhäusern kannst du überraschende Schätze finden!

»JETZT IST DER RICHTIGE ZEITPUNKT, MIT DEM AUSMISTEN ZU BEGINNEN. SO KANNST DU MIT LEICHTEM GEPÄCK WEITERZIEHEN, WENN DIE NEUE WOHNUNG DANN DOCH IRGENDWANN IN SICHT IST.«

## 08 / DIGITALEN MÜLL LOSWERDEN

Eine Sache, die mich persönlich ziemlich nervt, ist digitaler Müll. Wenn es dir auch so ergeht und du mit dem materiellen Gerümpel in deiner Wohnung durch bist, können wir zusammen noch den immateriellen Müll beseitigen. Wenn ich sehe, dass in meinem E-Mail-Posteingang Hunderte unbeantworteter Mails auf mich warten, kriege ich die Krise. Jeden Tag kommt neuer digitaler Müll hinzu. Trotzdem habe ich die Sache ganz gut im Griff. Bei E-Mails weiß ich ganz genau, was wichtig ist und was ich erst mal unter den Tisch fallen lassen kann. Allerdings bleibt es dann meist auch unterm Tisch! Eigentlich müsste ich mich jeden Tag hinsetzen und die aktuellen Mails durchgehen, beantworten oder löschen. Da das E-Mail-Checken aber nicht jeden Tag ganz oben auf meiner Prioritätenliste steht, fällt das oft einfach aus.

Seitdem es Digitalfotografie gibt, hat auch jeder von uns einen Wust an Fotos und Videos auf seinem Handy. Wenn man sehr strukturiert ist, hat man die entsprechenden Speichermedien parat, um die Bilderflut ordentlich zu archivieren. Ich weiß, dass ich mich da unbedingt selbst noch viel konsequenter drum kümmern muss, und dieses Buch zu schreiben, ist meine Motivation, auch in dem Bereich endlich noch entschiedener durchzugreifen. Auch wenn Karen Kingston meint, digitaler Müll habe keinen negativen Effekt auf die Energieströme, stresst er mich. Meine Fotos und Dokumente sind in unterschiedlichen Clouds oder auf Festplatten gespeichert. Ich habe Angst, da dranzugehen, weil ich befürchte, dass am Ende wichtige Fotos fehlen könnten. Falls es dir ähnlich ergeht, lass uns gemeinsam Ordnung in unser digitales Chaos bringen – ich habe mir dazu schon mal ein paar Regeln überlegt.

# MEINE TOP 5 TIPPS, UM DIGITALEN MÜLL ZU MINIMIEREN

**1 / HAB DEINE MAILS IM GRIFF**

*Nimm dir jeden Tag einen bestimmten Zeitrahmen vor, um E-Mails zu beantworten und zu löschen. Es können auch nur 10 Minuten sein, Hauptsache regelmäßig!*

**2 / E-MAIL-FLUT VERMEIDEN**

*Überflüssige Newsletter sofort und konsequent abbestellen!*

**3 / DER RICHTIGE PLATZ FÜR FOTOS UND VIDEOS**

*Entweder geordnet in einer Cloud ablegen oder alle Fotos und Videos auf beschrifteten Festplatten organisieren.*

**4 / SPEICHER ENTLASTEN**

*Regelmäßig Fotos und Videos vom Handy löschen.*

**5 / SEI RIGOROS**

*Regelmäßig den Computer aufräumen und Dateien löschen, die nicht mehr benötigt werden!*

## 09 / MACH ES EINMAL GRÜNDLICH UND ES WIRD FÜR IMMER ANHALTEN

Ausmisten ist der Anfang eines ganz neuen Lebensgefühls! Glaub mir, du wirst merken, wie gut sich das anfühlt! Nach dem Ausmisten wirst du besser durchatmen können, wirst deine Vergangenheit im wahrsten Sinne des Wortes weniger mit dir herumschleppen müssen, wirst mehr Platz für die Dinge haben, die du wirklich magst, und letztlich: viel mehr Raum für dich!

Dieses wunderbar leichte Lebensgefühl wird dir dabei helfen, dich nie wieder mit Dingen zu belasten, die du nicht brauchst. Und die du nicht magst – versprochen!

### MEINE ALLERWICHTIGSTEN TIPPS ZUM AUSMISTEN

- *Ausmisten ist der wichtigste erste Schritt für ein leichteres Leben.*
- *Irgendwann kommt nie! Das meiste brauchst du nicht.*
- *Behalte nur Dinge, die du wirklich magst oder wirklich brauchst.*
- *Schaffe dir während des Ausmistens keine neuen Dinge an.*
- *Fang an und bleib am Ball!*

## 10 / NACH DER WOHNUNG KOMMT DIE SEELE

Nachdem du den ersten Schritt geschafft und deine Wohnung gründlich ausgemistet hast, möchte ich dich ermutigen, mal in dein Inneres zu schauen. Vielleicht hat sich da auch der ein oder andere seelische Ballast angesammelt – oder wie ich es nenne: „Seelengerümpel“. Wir alle schleppen so was mit uns herum. Aus eigener Erfahrung weiß ich, dass es eine wesentlich größere Hürde darstellt, sich von Seelenmüll zu befreien, als die Wohnung aufzuräumen. Aber es lohnt sich unbedingt!

### *Und tschüs!*

Am besten erzähle ich frei heraus, was Seelenmüll bei mir ganz persönlich bedeutet: Ich bin eine unglaubliche Grüblerin. Ich mache mir zu viele Gedanken über alles Mögliche. Meist über Dinge, die ich selbst gar nicht beeinflussen kann. Ich neige dazu, mich an dem Gedanken festzubeißen: „Wenn dies oder jenes nicht wäre, wäre alles besser!" Immer wieder erwische ich mich auch dabei, auf irgendetwas oder jemanden ein bisschen neidisch zu sein. Dann fange ich an, mich zu vergleichen – und komme bei diesem Vergleich natürlich schlecht weg! Mir fällt es auch schwer, manche Situationen so zu akzeptieren, wie sie sind. Stattdessen verschwende ich viel Zeit und Energie darauf, mir zu wünschen, es wäre anders.

Zwischenzeitlich ist vieles davon durchaus schon besser geworden. Ich arbeite aber auch schon eine Weile daran! Es ist wirklich mühsam, sich aus festgefahrenen (Denk-)Strukturen zu befreien. Ich finde es bemerkenswert, dass wir Menschen solche Gewohnheitstiere sind, dass wir uns oft lieber mit belastenden Situationen arrangieren, als mutig einen neuen, leichteren Weg einzuschlagen. Wir alle, und da zähle ich mich ausdrücklich dazu, sind so gestrickt, dass wir es gerne bequem haben. Deshalb bleiben wir am liebsten in unserer Komfortzone. So absurd es klingt: Oft richten wir uns in unangenehmen Umständen recht bequem ein, weil wir das, was wir kennen, als sicherer empfinden als die – noch unbekannte – Alternative. Es erfordert Entschlusskraft und Mut, sich aus vermeintlich sicheren, aber auf Dauer destruktiven Strukturen zu befreien. Am Ende tut das aber richtig gut!

Manchmal ist es gar nicht einfach, herauszufinden, wo genau das Seelengerümpel verborgen liegt. Viele Menschen beschäftigen sich nicht gerne mit ihren Gefühlen. Es fällt ihnen schwer, zu erkennen, was genau sie belastet. Wenn ich so ein diffuses Unwohlsein verspüre und nicht auf Anhieb festmachen kann, wo es herkommt, hilft es mir, die Dinge aufzuschreiben. Ich bringe meine aktuelle Situation zu Papier und gehe alle Lebensbereiche durch. Ganz automatisch kommen so auch die Ursachen meines negativen Gefühls aufs Tapet. Wenn ich das schwarz auf weiß vor mir sehe, kommt der Aha-Effekt: Ah, so ist das also! Im nächsten Schritt überlege ich mir, warum mir dieses oder jenes zu schaffen macht. Vielleicht ist es der Kontakt zu einer bestimmten Person, vielleicht der Gedanke an den Job, vielleicht auch nur die Unlust vor der Steuererklärung. Das unbehagliche Gefühl kann viele Auslöser haben. Wenn du die Ursache kennst, wird es dir leichter fallen, zu überlegen, wie du damit umgehst.

*Freunde, die dir nicht guttun*

Achte auf dein Bauchgefühl: Schau dir genau an, wer in deinem Freundeskreis ein ungutes Gefühl in dir auslöst. Frage dich, warum das so ist. Triff dich mit der Person so oft, wie du es brauchst, um das Gefühl entweder zu bestätigen oder zu widerlegen. Solltest du feststellen, dass das unbehagliche Gefühl in der Magengegend verbleibt, wenn du an die betreffende Person denkst oder dich mit ihr triffst, trenne dich von ihr.

Die Art, wie du dich trennst, ist so individuell wie eure Beziehung. Manchmal haben Freundschaften auch einfach ihre Zeit. Wenn diese vorbei ist, lässt sich daran nicht unbedingt etwas ändern. Das ist in Ordnung. Manchmal passiert es auch, dass sich eine Freundschaft langsam ausschleicht. Man meldet sich immer weniger und trifft sich immer seltener. Das ist okay, solange es von beiden Seiten so gewollt ist. Wenn aber nicht, sollte man in den sauren Apfel beißen und mit der Person noch mal das Gespräch suchen. Im Grunde ist es vergleichbar mit der Trennung in einer Paarbeziehung: Wenn eine Beziehung sich überlebt hat und man beim Gedanken daran Magendrücken bekommt, bringt es nichts, sich damit weiter durchs Leben zu schleppen.

»EIN SEHR GUTER INDIKATOR FÜR SEELENBALLAST IST DAS ›MAGENGESCHWÜR-GEFÜHL‹. ICH SPÜRE IN BESTIMMTEN SITUATIONEN EIN UNANGENEHMES DRÜCKEN IN DER MAGENGEGEND. ALS WÄRE DORT ETWAS, DAS DA NICHT HINGEHÖRT. DIESES GEFÜHL TRÜGT MICH NIE. WENN ICH DARAUF HÖRE, GEHT ES MIR HINTERHER BESSER.«

*Finanzielle Sorgen*

Wenn du Geldsorgen hast, lassen die sich natürlich nicht einfach ausmisten. Aber du kannst das Ruder in die Hand nehmen. Eines darfst du nicht: die Dinge laufen lassen. Das Fiese an Geldnot ist, dass sie uns lähmt. Es ist eine so dominierende Angst, weil es dabei um unsere Existenz geht. Am besten, du ergreifst die Flucht nach vorn! Fange an, dich mit deinen Finanzen zu beschäftigen. Überlege dir Wege, wie und wo du sparen kannst. Sobald du dich aktiv aus der Schockstarre löst und Strategien entwickelst, um auf den grünen Zweig zu kommen, werden sich für dich neue Möglichkeiten auftun. Du kannst dich zum Beispiel auf YouTube kostenlos zum Thema Finanzen weiterbilden. Vielleicht erfährst du dort etwas, an das du selbst nie gedacht hättest. Ganz wichtig auch: Tausche dich mit anderen aus. Vielleicht tut sich so die Möglichkeit auf, sich gegenseitig zu unterstützen. Oder es winkt ein Nebenjob. Stillstand hilft dir nicht. Also pack es an!

### *Grübeleien*

Wenn wir grübeln, handelt es sich meist um Fragen, auf die wir wenig oder keinen Einfluss haben. Etwa die Zukunft oder die Vergangenheit. Wir machen uns Sorgen, was passieren könnte. Fragen uns, was wäre, wenn. Die gute Nachricht: Wir können uns diese Gedanken sparen. Sie bringen uns keinen Schritt weiter. Daher: Kümmere dich ums Hier und Jetzt. Um die Dinge, die in deinem Einflussbereich liegen. Alles andere lasse los. Dasselbe gilt für die Vergangenheit. Egal, wie lange du über sie nachdenkst, wie sehr du sie dir vielleicht zurückwünschst oder bedauerst, wie du dich verhalten oder was du getan hast: Es wird die Vergangenheit nicht ändern. Was geschehen ist, ist geschehen. Es hat dich dahin gebracht, wo du jetzt bist: im Hier und Jetzt.

Manchmal grübelt man auch über das Verhalten anderer Menschen, fühlt sich ungerecht behandelt oder versucht zu ergründen, was in einer Person vor sich geht, weil man ihr Verhalten nicht versteht. Auch das kann man sich sparen. Man wird es nie herausfinden. Bleib bei dir und kümmere dich um dich. Alles andere bringt dich nicht weiter.

### *Neid und Vergleich*

Wir müssen uns mit dem Gedanken abfinden, dass es immer jemanden geben wird, der in irgendeiner Hinsicht besser ist als wir. Schöner, fitter, erfolgreicher zum Beispiel. Größeres Haus, mehr Freunde, volleres Konto. Ich weiß nicht, wie es dir damit geht, aber ich finde diesen Gedanken unglaublich erleichternd. Es bedeutet nämlich, dass ich mich nicht ständig mit allen messen muss. Wenn man auf jemanden neidisch ist, bedeutet das, dass derjenige etwas hat, was man selber auch gerne hätte. Wenn du dieses Gefühl verspürst, gibt es Denkansätze, es zu relativieren. Wenn ich zum Beispiel neidisch bin, weil jemand beruflich erfolgreicher ist als ich, schaue ich mir

bestimmte Faktoren genauer an: Stimmt es denn objektiv, dass ich weniger erfolgreich bin? Ich prüfe dann genau, wo ich im Moment stehe und wo ich hinwill. Meist relativiert sich dann schon einiges.
Mein Tipp: Führe dir in Ruhe vor Augen, was du bereits alles hast und kannst. Solltest du danach immer noch neidisch auf den beruflichen Erfolg anderer sein, versuche deinen Neid in Bewunderung und Anerkennung zu verwandeln. Die andere Person macht anscheinend irgendetwas richtig, worauf du vielleicht noch gar nicht gekommen bist. Lass dich inspirieren, schaue dir Techniken ab, bilde dich weiter. Meistens ist es gar kein Hexenwerk! Es kann auch helfen, sich genau vor Augen zu führen, welchen Preis mancher Erfolg hat. Erfolg ist in der Regel immer mit sehr viel Arbeit verbunden. Je größer der Erfolg und je voller das Bankkonto, desto mehr arbeitet jemand. Ist das ein Preis, den du bereit bist, zu bezahlen? Wenn ja – go for it! Stecke mehr Zeit und Mühe in deinen Beruf. Vielleicht stellst du aber auch fest, dass dir andere Dinge wichtiger sind als Arbeit und Geld. Dann finde dich damit ab, dass du nicht alles haben kannst. Besinne dich auf deine Prioritäten.

**TIPP**

—

*Besinnen wir uns auf das Gute im Leben. Und ändern wir das, was wir selbst in der Hand haben!*

***Job***

Zu viele Menschen machen Jobs, die sie unglücklich machen. Viele meiner Instagram-Follower haben mir geschrieben, dass sie durch den Prozess des Ausmistens endlich den Mut gefasst hätten, sich auch von ihrem Job zu trennen. Oder zumindest angefangen hätten, sich mit Alternativen zu befassen. Oft bleibt man aus den falschen Gründen in einem ungeliebten Job hängen. Meist ist es die Sicherheit, die die bisherige Arbeit bietet, oder die Angst, mit etwas Neuem zu scheitern. Die berühmte Komfortzonen-Falle! Man bleibt lieber bei seinem verhassten Arbeitsplatz, cholerischen Chef, den missgünstigen Kollegen und der immer gleichen Tätigkeit, obwohl man sich damit grottenunwohl fühlt. 40 Stunden die Woche.

Es sind 40 Stunden deiner Lebenszeit. Pro Woche! Dafür, dass man sich quält, ist das verdammt viel. Ich halte es für reine Verschwendung. Verschwendung von Zeit und Potenzial. Zum Glück leben wir in einer Zeit, in der es absolut gängig und möglich ist, im Berufsleben immer wieder neue Wege einzuschlagen. Ich bewundere Menschen, die den Mut haben, sich auszuprobieren. Die ins kalte Wasser springen, um Neues zu lernen. Eine meiner Cousinen arbeitete nach dem Studium 15 Jahre im

selben Unternehmen. Mit Ende 30 orientierte sie sich um. Das hatte verschiedene Gründe. Sie fing in einem ganz anderen Berufsfeld noch mal komplett neu an. Das Leben ist zu kurz, um in seinem Beruf unglücklich zu sein!

Natürlich ist es nicht immer möglich und auch nicht nötig, die absolute Lebenserfüllung und Selbstverwirklichung ausschließlich in der Arbeit zu finden. Es gibt auch Jobs, die man einfach macht, weil man Geld verdienen muss. Im besten Fall lebt man sich dann an anderer Stelle aus. Wenn man aber Tag für Tag mit dem berühmt-berüchtigten Magengeschwür-Gefühl zur Arbeit geht, stimmt etwas nicht!

Während meines Studiums jobbte ich in einem Jeansladen. Die Tätigkeit an sich war nicht mein Traumjob, aber ich ging trotzdem gerne hin. Ich fand meine Kolleginnen super. Und im Laden war immer eine gute Stimmung. Es gab dort einen Kollegen, der schon fünf Minuten, nachdem er den Laden aufgeschlossen hatte, auf die Uhr schaute und die Stunden bis zum Feierabend zählte. Wenn es dir in deinem Job auch so ergeht, ist es an der Zeit, dir einen Plan B zu überlegen.

### *Projektion*

Manchmal verwechseln wir Gefühle, merken nicht, dass das Problem nicht im Außen, in den Mitmenschen, den äußeren Umständen, sondern in uns selber liegt. Wir fühlen uns beispielsweise ungerecht behandelt. Oder wir sind neidisch. Oder wir haben das Gefühl, jemand nimmt uns etwas weg oder jemand gönnt uns etwas nicht. Oder wir bilden uns ein, jemand könne uns nicht leiden.

Nicht selten sind das Momente, in denen wir eigentlich mit uns selbst oder mit der Situation, in der wir uns befinden, zutiefst unzufrieden sind. So sehr, dass es leichter für uns ist, anderen Menschen oder äußeren Umständen die Schuld an unserer Situation oder Stimmung in die Schuhe zu schieben. Man nennt das in der Psychologie Projektion.

Häufig ist die Projektion ein Zeichen dafür, dass eigentlich WIR es sind, die diese Gefühle haben, die wir anderen unterstellen. Und dass WIR es sind, die sich damit auseinandersetzen sollten. Manchmal entpuppt sich die vermeintliche Projektion auch als begründet, und es ist etwas Wahres dran. Fakt ist aber, dass wir in jedem Fall nur selbst aktiv unsere Situation und unseren Blickwinkel verändern können. Wir müssen bei uns bleiben, unserem Frust, unseren Motiven, Wünschen und Bedürfnissen, und uns auf dieser Grundlage ehrlich fragen, was wir selber tun können, damit es uns besser geht. Niemand anderes kann das für uns tun. Vor allem sollten wir nicht darauf warten. Es bringt uns nichts, in eine passive Opferrolle zu verfallen. Unser Lebensgefühl ändert sich nur, wenn wir selber aktiv werden.

Auch wenn ich das hier für dich aufschreibe, bin ich selbst weit davon entfernt, eine Meisterin all diesen Techniken zu sein. Sonst hieße ich ja nicht Jelena, sondern vielleicht schon Buddha! Aber immerhin kenne ich mich inzwischen recht gut und weiß um meine größten emotionalen Baustellen. Und das ist ja bekanntlich der erste Schritt, um etwas daran zu ändern. Ich bin auch absolut dafür, sich Hilfe von außen zu holen, wenn man merkt, dass man selber nicht weiterkommt. Manchmal hilft eine Therapie oder auch ein Coaching, um wertvolle neue Ansätze an die Hand zu bekommen. Wie in jedem anderen Bereich im Leben lohnt es sich, die Komfortzone zu verlassen. Denn nur da draußen passiert die Magie!

CHIASAMEN
LINSEN

KAPITEL

# /05

# *ORDNEN UND SORTIEREN*

KAPITEL 05

# AUFRÄUMEN UND ORDNUNGHALTEN LEICHT GEMACHT

Gratulation! Mit dem großen Ausmisten bist du jetzt durch! Sicher hast du festgestellt, dass du jetzt viel weniger Stauraum brauchst. Du bist jetzt an dem Punkt, dir ein Ordnungssystem zurechtzulegen, das deinen Bedürfnissen entspricht. Es wird dir das Aufräumen und Ordnunghalten in Zukunft erheblich erleichtern!

## TOP 5 AUFRÄUMEN UND ORDNUNGHALTEN

**1** / *Jedes Teil hat seinen Platz*

**2** / *Nicht zu viel Stauraum*

**3** / *Nicht zu kleinteilig sortieren*

**4** / *Keine „leeren" Gänge: nach Gebrauch die Dinge immer gleich aufräumen*

**5** / *Sinnvoll ordnen und einen Abstellraum festlegen für selten Genutztes*

## 01 / JEDES TEIL HAT SEINEN PLATZ

Sicher sind einige Schränke und Kommoden nach dem Ausmisten jetzt leer. Super! Dann kannst du, falls du magst, sogar große Möbel loswerden, die bisher im Weg standen. Es ist sinnvoll, Stauraum eher ab- als anzuschaffen. Natürlich brauchen wir einen gewissen Platz zum Verstauen, damit nicht alles offen herumliegt und unordentlich aussieht. Zu viel Stauraum verleitet allerdings dazu, ihn zu nutzen. Man schafft wieder mehr Zeugs an, weil man ja die Möglichkeit hat, es aufzubewahren. Das solltest du vermeiden.

Beschriftete oder durchsichtige Boxen sind eine Option, Dinge übersichtlich zu verstauen. Allerdings verleiten sie dazu, alles hineinzuwerfen, von dem man gerade nicht weiß, wohin damit. Wenn wir zu faul sind, uns einen bestimmten Platz für Dinge zu überlegen, neigen wir dazu, alles erst mal in Kisten zu schmeißen. Je mehr Boxen man hat, desto mehr Zeugs kommt hinein. Oberflächlich sieht dann alles ordentlich aus. Aber Vorsicht! Man verliert dabei den Überblick, was man alles besitzt. Ideal sind Boxen allerdings bei Kinderspielzeug. Am besten grob nach Spielzeugart sortiert. So lässt sich alles schnell finden und am Abend wieder unkompliziert aufräumen.

Das Allerwichtigste: Lege für jedes noch so kleine Teil einen bestimmten Platz fest, an den es gehört: jedes Haar- und Haushaltsgummi, jede Büroklammer, jede Stecknadel. Jeder Mitbewohner muss zudem wissen, wo die Sachen hingehören, und sie nach Gebrauch auch dorthin zurückräumen. Die Regel „Alles hat seinen Platz“ ist einleuchtend und leicht umsetzbar. Das Einzige, was man tun muss, damit sie funktioniert, ist: sich daran halten!

Als ich neulich von einer Freundin gebeten wurde, ihr Tipps zum Aufräumen zu geben, sah ich bei ihr daheim überall Dinge herumliegen, die aussahen, als hätten sie keinen festen Platz. Als ich sie danach fragte, meinte sie, dass sie eigentlich genau wisse, wo die Sachen hingehören. Sie hielt sich nur nicht daran, alles an seinen Platz zu räumen. Klar, es gehört Disziplin dazu. Doch auch, wenn es sich zunächst so anhören mag, ist es das Gegenteil von Zwang. Irgendwann hat man sich daran gewöhnt und es wird zur Routine. Ausnahmen gibt es natürlich immer! Wenn du nach einer Reise heimkommst und zu erschöpft bist, den Koffer sofort auszupacken und die Wäsche zu sortieren, mach es am nächsten Tag. Nur mach es dann wirklich! Nicht eine Woche später, sondern zeitnah! Wenn ich mit meiner Tochter allein zu Abend esse, bringe ich sie auch zuerst ins Bett und räume erst anschließend den Tisch ab und in der Küche auf.

## 02 / NICHT ZU VIEL STAURAUM

Welcher Stauraum für dich richtig ist, hängt von deinem Typ ab. Manche Menschen kommen besser mit offenen Systemen zurecht. Es macht sie nervös, wenn Dinge hinter verschlossenen Türen und in Schubladen lagern. Andere wiederum brauchen genau das, um sich wohlzufühlen.

Wenn du das Ausmisten gründlich durchgeführt hast, wirst du festgestellt haben, dass du nun viel weniger Stauraum benötigst. Einfach, weil du jetzt weniger Dinge besitzt. Nach meiner ersten großen Ausmiste-Aktion war es bei mir auch so. Ich schaffte danach sofort alle Möbel, deren Stauraum ich nicht mehr brauchte, ab. Es war ein tolles Gefühl zu sehen, wie viel Platz ich plötzlich hatte!

Mit dem Stauraum ist es wie mit den Boxen: Steht er zur Verfügung, wird er gefüllt. Ich bin ein großer Fan von geschlossenem Stauraum, weil damit alles gleich ordentlicher aussieht. Nur darf man nicht die Ordnung hinter den Schranktüren vernachlässigen. Es gibt eine Faustregel: Man sollte immer genau wissen, was sich hinter jeder einzelnen Schranktür und in jeder Schublade befindet.

Offener Stauraum kann aber auch sehr schön sein. Man muss ihn nur übersichtlich gestalten. Ich mag zum Beispiel Oberschränke in der Küche nicht. Sie sind mir zu wuchtig. Ich habe mir deshalb ein Regal für das Geschirr gebaut. Zuvor hatte ich alles gründlich aussortiert und nur behalten, was ich wirklich brauche. Auch habe ich darauf geachtet, dass alles zusammenpasst. Oft werde ich gefragt, ob mich das ständige Staubwischen nicht stört. Meine Antwort ist: Nein. Es sind nur zwei Regalbretter, und ich wische einmal die Woche Staub. Das Geschirr, das im Regal steht, wird so regelmäßig benutzt, dass es sowieso ständig gespült wird. Ob du selbst offenen oder geschlossenen Stauraum bevorzugst, ist Geschmackssache. Wichtig ist nur, dass du die Übersicht behältst und das Saubermachen nicht zu umständlich für dich ist. Es muss für dich passen!

## 03 / NICHT ZU KLEINTEILIG SORTIEREN

Das passiert vielen, die sich zum ersten Mal ein Ordnungssystem für ihre Sachen überlegen. Man möchte alles penibel sortieren, und am Ende hat jede Stecknadel ihr eigenes Fach. Das funktioniert nicht auf Dauer. Ich hatte zum Beispiel meine Frisier-Utensilien zunächst so in einem Beutel verstaut, dass alles Kleinteilige in Extratütchen steckte: in einem die Haarnadeln zum Klemmen, im anderen die zum Haarehochstecken, die Haargummis waren nach Größe sortiert und so weiter. Schnell merkte ich, wie viel Zeit es mich kostet, alles rauszufriemeln und wieder zurückzupacken. Jetzt habe ich nur noch einen größeren Beutel und schmeiße alle Haarsachen da hinein. Damit komme ich wunderbar zurecht. Eine zu kleinteilige Sortierung ist aufwendig und anstrengend. Sie lässt sich kaum dauerhaft durchhalten. Wir wollen ja schließlich aufs Ordnunghalten weniger Zeit verwenden. Und nicht mehr!

Sehr bewährt hat sich die sogenannte „Kramschublade". Wir haben so eine, seit unsere Tochter anfing, mit Spielsachen zu spielen. Logischerweise sammelte sich das immer da an, wo wir uns am häufigsten aufhalten: im Wohnzimmer. Wenn unsere Tochter im Bett ist, möchten wir aber kinderfreie Zone in dem Zimmer haben. Also brauchen wir die Möglichkeit, alles schnell aufzuräumen. So wurde eine Schublade im Wohnzimmerschrank zur Spielzeugschublade. Wenn du möchtest, kannst du für bestimmte persönliche Dinge auch so eine Kramschublade festlegen. Achte nur darauf, sie auch regelmäßig zu sortieren. So behältst du immer den Überblick, was drin ist.

## 04 / KEINE „LEEREN" GÄNGE

Das ist ein Tipp meiner Instagram- und YouTube-Community, den ich dankbar aufgenommen habe. Ich finde ihn so überzeugend, dass ich ihn ziemlich konsequent umsetze. Keine „leeren" Gänge bedeutet, dass man immer, wenn man einen Raum verlässt, nicht mit leeren Händen geht, sondern etwas mitnimmt, das da nicht hingehört, und es an seinen Platz zurückbringt. Wenn ich zum Beispiel etwas in der Küche mache und sehe, dass da ein leeres Gurkenglas steht, gebe ich es auf dem Weg ins Wohnzimmer in den Altglasbeutel. So räumt man nebenbei immer ein bisschen auf! Mittlerweile mache ich das sogar innerhalb eines Zimmers. Das braucht zwar ein bisschen Übung, aber irgendwann hat man es intus. Automatisch immer etwas gleich aufzuräumen, fühlt sich nicht wie „großes Aufräumen" an. Einfach, weil man keine unnötigen Wege mehr gehen muss. Klar, ein paar Handgriffe sind es immer, aber mit dieser Methode kann man sie definitiv reduzieren.

Auf diese Weise kann man sich auch besser organisieren, bevor man aus dem Haus muss. Wenn ich zur Arbeit gehe, führt mich mein Weg an Altglascontainern und am Getränkehandel vorbei. Pfandflaschen und Altglas kann ich also immer gleich wegbringen, wenn ich mich so und so auf den Weg mache. Auf diese Weise vermeide ich zusätzliche Erledigungsgänge, die nerven und Zeit fressen. Und zu Hause sammelt sich nicht so viel an!

»ES GEHT BEIM ORDNUNGHALTEN NICHT UM PERFEKTION. ES GEHT DARUM, SICH DAS AUFRÄUMEN ZU ERLEICHTERN UND DEN ÜBERBLICK ZU BEHALTEN.«

## 05 / SINNVOLL ORDNEN – WO VERSTAUE ICH WAS?

Hier gibt es verschiedene Ansätze. Manche sagen, man müsse alle Sachen immer genau dort verstauen, wo man sie braucht. Andere sehen das nicht so streng. Ich selbst habe zum Beispiel meinen Kosmetikkram teils im Badezimmer, teils in einer Kammer. Im Badezimmer sind die Dinge für den täglichen Gebrauch, in der Kammer solche, die ich nur ab und zu verwende, Gesichtsmasken, Haartönung oder Glätteisen zum Beispiel. Ich komme damit zurecht. Ich weiß, wo die Sachen sind, wenn ich sie brauche.

Mit Kleidung verhält es sich auch so. Richard hat seine Kleidung teils in einer Kommode im Schlafzimmer, teils in einem Schrank im Kinderzimmer. Ich habe meine teilweise in einem Schrank im Flur, teilweise bei Richards Sachen im Kinderzimmer. Für uns funktioniert das perfekt. Andere fühlen sich aber wohler, wenn alles Zusammengehörige an einem Platz ist. Wenn du einschätzen kannst, welcher Typ du bist, ordne die Sachen dementsprechend. Wenn du es nicht weißt, probiere es einfach aus!

Hilfreich ist folgende Regel: Die Dinge, die du am häufigsten brauchst, sollten auch am leichtesten erreichbar sein. Beispiel Kleiderschrank: Es macht Sinn, Socken und Unterwäsche auf Augenhöhe einzuordnen. Du brauchst sie jeden Tag und musst leicht drankommen. Skiunterwäsche hingegen darf ruhig im obersten Schrankfach lagern, weil sie nur im Winter zum Einsatz kommt. Je nach deinem persönlichen Lebensstil findest du schon die richtigen Fächer für die Dinge, die du oft, und solche, die du nur selten brauchst. Sollte sich etwas als nicht praktikabel herausstellen, kannst du dein Ordnungssystem ja flexibel anpassen. Bedürfnisse ändern sich, Vorlieben ändern sich. Wichtig ist nur, dass du alles gut handhaben kannst.

### TIPP

*Das A und O bei jedem Ordnungssystem ist: Es muss übersichtlich sein, damit du jederzeit weißt, wo du die Dinge findest, die du brauchst. Ob das in Schränken oder Regalen ist, in durchsichtigen oder beschrifteten Kisten, kannst du ganz nach Vorliebe entscheiden.*

### *Kleidung*

Als ich bei Marie Kondo las, man solle Kleidung nicht stapeln, sondern zusammengerollt anordnen, war ich erst einmal verwirrt. Ich konnte mir überhaupt nicht vorstellen, wie das funktionieren sollte! Dann schaute ich mir ein YouTube-Video an, in dem sie ihre Methode vorführt. Wenn du sie noch nicht kennst, guck sie dir unbedingt mal an. Vielleicht geht es dir dann wie mir: Auf den zweiten Blick fand ich es total einleuchtend, Kleidung klein gefaltet oder gerollt aufzubewahren. Es hat Vorteile: Zum einen ist es übersichtlich. Man sieht sofort, was man alles hat. Und wo alles ist! Zum anderen erspart man sich das Geziehe und Gezerre, wenn man an eine Jeans ran will, die unter anderen Jeanshosen vergraben ist. Ich lagere meine Kleidung fast nur noch so. Einige wenige Teile hänge ich auf.

Wenn du genügend Platz hast, kannst du deine Kleidung natürlich auch komplett aufhängen. Ich kenne einige, die das so machen. Das ist auf jeden Fall schön und übersichtlich. Nur muss man in Kauf nehmen, dass es viel Platz in Anspruch nimmt. Wenn du besonders schöne Kleidungsstücke hast, kannst du die auch offen an eine Kleiderstange hängen und nach Farben sortieren. Das kann sehr hübsch aussehen! Ich hatte lange Zeit eine offene Kleiderstange. Irgendwann habe ich mich aber davon verabschiedet. Wenn du Spaß dran hast – warum nicht? Wichtig ist, dass das Ordnungssystem übersichtlich und leicht zu handhaben ist. Aus dem Grunde bin ich auch kein Fan mehr von gestapelter Kleidung. Ich finde Stapel schlicht nicht praktisch.

### *Bettwäsche*

Bettwäsche rollte ich früher auf. Ihr Platz war die Unterbettkommode. Eine gute, durchaus praktikable Lösung. Es funktionierte so lange, bis Richard und ich das alte Bett abschafften. Damit war auch der Stauraum der Unterbettkommode weg. Ich bin dann dazu übergegangen, Bettwäschesets als flache Pakete zu verstauen. Ich nehme einen Kissenbezug, da hinein kommen der zugehörige zweite Kissenbezug, die beiden Bettbezüge und ein passendes Bettlaken. Wenn du alleine schläfst, ist es ein Set weniger. Das Ganze wird möglichst flach zusammengelegt und dann in einem schönen alten Koffer auf dem Schrank verstaut.

Laut Feng Shui soll man ja nichts auf Schränken lagern. Aber seien wir ehrlich: Viele von uns haben aus Platzgründen gar keine andere Möglichkeit. Solange es Sachen sind, die regelmäßig benutzt werden, ist es durchaus okay. Aber man sollte sich hüten, den Platz auf den Schränken zur Ablage für Schrott zu machen. Du hast sicher gemerkt: Ich betone oft, dass es wichtig ist, an alle Sachen immer leicht heranzukommen. Mit meinem neuen Lagerplatz fürs Bettzeug hebe ich diese Regel aus den Angeln. Es ist schon ein bisschen aufwendig, auf eine Leiter zu steigen, den Koffer aufzumachen und die Bettwäsche rauszuholen. Andererseits beziehe ich das Bett ja nicht jeden Tag. Ich finde es also durchaus in Ordnung, das Prozedere alle zwei Wochen auf mich zu nehmen.

Bei vielen Besuchen in fremden Haushalten habe ich festgestellt, dass fast alle Menschen zu viel Bettwäsche besitzen. Die meisten Sets gefallen ihnen überdies gar nicht. Irgendwie denken wir bei Bettwäsche nicht automatisch, dass man die auch aussortieren kann. Ihr Gebrauch läuft im Alltag so nebenher, genau wie Handtücher. Mit den Jahren wird man betriebsblind und hat keine Meinung mehr zur Ästhetik der Bettwäsche oder der Handtücher. Ich habe für mich beschlossen, dass zwei Sets, die ich wirklich richtig schön finde, vollkommen ausreichen. Die ziehe ich dann im Wechsel auf. Vielleicht sind es bei dir mehr. Aber ich möchte dir raten, dir deine Bettwäsche mal kritisch vorzunehmen. Und dann nur die Sets zu behalten, die noch gut sind und in denen du wirklich gerne schläfst.

***Küchenschränke***

Eines meiner Sorgenkinder in der Küche ist mein Vorratsschrank. Er ist definitiv immer nur dann übersichtlich geordnet, wenn sich die Vorräte dem Ende neigen. Nach einem größeren Einkauf ist er die reinste Katastrophe. Aber die Schubladen in der Küche – die sind jetzt richtig übersichtlich. Dafür halte ich mich an ein paar Grundprinzipien. Zum Beispiel habe ich mir einen Schubladeneinsatz selber gebaut. Das ist supereinfach, und man kann diesen Einsatz perfekt an die eigenen Bedürfnisse anpassen. In meiner Besteckschublade ist seither viel mehr Ordnung. Und wesentlich schöner als ein Plastikeinsatz sieht sie auch aus!

Meine Einkaufsbeutel aus Stoff bewahre ich, genau wie Kleidung, in gerollter Form auf, dito Geschirrtücher und Stoffservietten. So ist alles schön übersichtlich und nimmt wenig Platz weg. Und noch ein ganz wichtiger Tipp: Aufbewahrungsdosen unbedingt immer zusammen mit ihrem Deckel einräumen. Bestimmt hast du beim Ausmisten gemerkt, dass du entweder nur noch den Deckel oder den Behälter hast. Ich kenne niemanden, der dieses Problem nicht hat! Es tritt immer auf, wenn man beides getrennt aufbewahrt. Es spart Zeit und Nerven, wenn nicht ständig die passenden Teile zusammengesucht, geschweige denn neue gekauft werden müssen, bloß

*Glückwunschkarten, Einladungen, Briefe – die wirklich besonderen sollte man natürlich aufheben. Die meisten Erinnerungen sind aber doch vielmehr im Herzen aufgehoben.*

weil ein Teil fehlt. Meine Töpfe bewahre ich nach dem gleichen Prinzip auf. Auch hier trügt mein Eindruck nicht, dass die meisten Haushalte mehr Töpfe haben, als sie brauchen. In der Regel genügt die Hälfte. Bevor ich ausgemistet habe, hatte ich drei Woks! Und wer braucht schon drei Woks!?

### *Papierkram*

Immer wieder werde ich gefragt, wie man es hinkriegt, Papierkram zu organisieren. Auch hierbei bin ich für größtmögliche Einfachheit. Ich habe einen Ordner für die absolut wichtigen Dokumente: Geburtsurkunden, Zeugnisse, Sozialversicherungsnummer. Der Ordner wird selten gebraucht. In einem weiteren Ordner archiviere ich aktuelle Schriftstücke: Krankenkassenbescheide, Unterlagen für die Steuer, Rechnungen, Verträge ... Diesen Ordner halte ich immer auf dem neuesten Stand. Papierreiter helfen, die entsprechenden Bereiche schnell zu finden: „Verträge", „Krankenkasse" und so weiter. Ein dritter Ordner ist für unsere Firma. Hier lege ich Belege, die ich zuvor digitalisiert habe, in Klarsichthüllen ab, für jeden Monat eine. Das erleichtert mir die Buchhaltung enorm. Pro Monat benötige ich vielleicht zwei, drei Stunden, um alles zu ordnen, zu bearbeiten und für den Fall der Fälle parat zu haben. Seitdem ich das so halte, habe ich ein relativ entspanntes Verhältnis zu dieser Art Büroarbeit.

### *Wo kommen all die Zettel her?*

Richard und ich haben in der Küche ein Regal, in dem jeder von uns sein eigenes Fach hat. Da kann Papierkram auch mal zwischengelagert werden. Er darf nur nicht ewig dort liegen bleiben! Sicher kennst du auch das Phänomen der wundersamen Vermehrung von Papierkram, sobald man nur irgendwo einen einzigen Zettel liegen lässt. Innerhalb kürzester Zeit wird aus dem kleinen Zettel dann ein Riesenpapierstapel. Mit einem festen Platz, an dem jeder seinen Papierkram sammeln kann, hat dieses Phänomen keine Chance.

Neben wichtigen Dokumenten gibt es noch den ganzen Zettel- und Broschürenkram, den man aufhebt, weil man denkt, man würde ihn irgendwann brauchen. Ganz oben auf der Liste stehen Gebrauchsanweisungen, Garantien und Verpackungskartons – letztere zähle ich jetzt mal dazu, weil sie im weiteren Sinne auch aus Papier sind. Gebrauchsanweisungen braucht man meistens nicht. Wenn es hart auf hart kommt, findet man sie auch im Internet. Einige Garantien lege ich in meinem Basics-Ordner ab. Das beruhigt aber eigentlich nur mein Sicherheitsgefühl. Auch hier ist die Wahrscheinlichkeit, dass sie jemals gebraucht werden, relativ gering. Bei sehr teuren Geräten kann das Aufbewahren der Garantie durchaus sinnvoll sein. Perfekt wäre natürlich, diese regelmäßig auszusortieren, wenn die Garantie abgelaufen ist.

Kartons aufzuheben, mache ich gar nicht mehr. Geht ein Gerät innerhalb der Gewährleistung kaputt, ist es ein Garantiefall. Für eine Reklamation muss der Originalkarton nicht mehr vorhanden sein. Solltest du den Karton aufheben wollen, weil du nicht sicher bist, ob du das Gerät behalten möchtest, empfehle ich, die Hundertprozent-Regel anzuwenden und es schnell zurück in den Laden zu bringen.

### *Opas Weihnachtskarten*

Und was ist mit dem ganzen emotionalen Papierkram? Briefe, Fotos, Konzerttickets – was man halt alles so sammelt! Ich bin ziemlich anfällig dafür. Außerdem schreibe ich Tagebuch, seit ich zwölf bin. Das ergibt summa summarum schlanke zwanzig Jahre, in denen ich regelmäßig meine Gedanken zu Papier bringe. Auch Briefe aus der Schulzeit und von meinen Eltern bewahre ich auf. Nicht zu reden von den Fotos aus der Zeit der analogen Fotografie. Ich halte es aber so, dass ich nur ganz besondere Briefe und Postkarten behalte. Solche mit persönlichen lieben Worten oder von Menschen, die mir nahestehen. Man muss nicht jede Weihnachtskarte aufheben! Mein Opa schreibt mir jedes Jahr die gleiche Karte. Das finde ich total süß und ich freue mich auch darüber – aber nach Weihnachten kommt die Karte weg. Ein Exemplar behalte ich, weil ich mich immer daran erinnern möchte. Doch 30 identische Karten wären dann doch ein bisschen viel!

Was ich gerne mag: Fotos ausdrucken und zu den passenden Stellen in meinen Tagebüchern heften. Das ist eine schöne Erinnerung für später. Gleichzeitig sind alle Lieblingsfotos an einem Ort beisammen! Bei so was bin ich dann doch mehr der analoge Typ. Richard dagegen hat ein digitales Tagebuch. Damit lässt sich die Papierflut super eindämmen. Aber für mich wäre das nichts. Ich schreibe zu gerne mit Stift und Papier! Meine Tante hat einen Mittelweg gefunden: Sie erstellt Fotobücher mit Erinnerungs-Dokumenten aus der jeweiligen Zeit und Texten, die sie dazu schreibt. Vielleicht sind das auch Anregungen für dich? Pick dir raus, was dir am besten gefällt!

**TIPP**

*Wenn Briefe ins Haus flattern: am besten gleich sortieren! Ebenso alle Belege, die du noch brauchst.*

### *Ordnung für Büro und Schreibtisch*

Als ich meine Instagram-Community befragte, was ihre größten Baustellen beim Ordnunghalten sind, kamen als häufigste Antworten: Büro, Schreibtisch oder generell Ablageflächen. Damit ist Platz gemeint, der nicht ausdrücklich als Ablagefläche gedacht ist, auf dem sich aber immer viel Kram ansammelt.

Fangen wir mit dem Schreibtisch an. Aus irgendeinem Grund meinen viele, einen Schreibtisch zu brauchen, obwohl sie ihn nie nutzen. Vielleicht hast du ein Hobby wie Basteln, Nähen, Schreiben. In dem Fall wäre es durchaus praktisch, einen extra Tisch dafür zu haben. Bei vielen von uns sieht es aber doch so aus, dass wir erst mal den Schreibtisch freiräumen oder den darauf befindlichen Kram zur Seite schieben müssen, bevor wir mit unserer Arbeit oder der Hobbytätigkeit beginnen können. Und was ist das Ergebnis? Man fängt an, aufzuräumen, und wenn man damit fertig ist, fühlt man sich so geschafft, dass man mit der eigentlichen Arbeit nicht mehr loslegen mag. Der freie Platz, den man eben geschaffen hat, bleibt sowieso nur für kurze Zeit frei, weil man ja nur neue Papierhaufen aufgestapelt, aber keine richtige Ordnung ins Chaos gebracht hat. Und was wissen wir über Papierhaufen? Sie werden dick und kriegen Kinder!

Wenn dein Schreibtisch so aussieht, könnte sich das Problem lösen, indem du ihn einfach abschaffst. Das mag radikal klingen, du würdest damit aber zwei Fliegen mit einer Klappe schlagen. Du wirst die chaotische Ablagefläche los und du schaffst Platz in der Wohnung, indem du dich von einem Möbelstück verabschiedest, dass sowieso keinen richtigen Zweck hat. Das habe ich auch einer Freundin geraten, die gerne bastelt und näht, ihren Basteltisch aber immer unter Bergen von Zeug vergraben hatte. Sie war sehr glücklich über die Entscheidung. Überlege dir, wie oft du den Tisch in letzter Zeit wirklich als Schreibtisch genutzt hast und wie oft er nur als Ablage diente.

Alle Arbeiten, die man eigentlich am Schreibtisch macht, können meiner Erfahrung nach genauso gut am Esstisch erledigt werden. Man ist dann gezwungen, Ordnung zu halten und die Sachen immer wieder an ihren vorgesehenen Platz zurückzuräumen. Am Esstisch zu arbeiten und den Schreibtisch loszuwerden, bietet sich vor allem für diejenigen an, die nicht den ganzen Tag zu Hause arbeiten müssen.

***Endlich in Ruhe arbeiten***

Es gibt auch Ausnahmesituationen, etwa, wenn du eine Arbeit für die Uni schreiben musst. Ich kann verstehen, wenn es dich nervt, die Sachen jeden Tag aufs Neue dafür herauszusuchen und wieder auf dem Esstisch zu drapieren, bevor du mit dem Schreiben beginnst. Meiner Erfahrung nach ist das aber nicht schlecht. Ich habe meine Seminararbeiten und die Bachelor- und Masterarbeit in Bibliotheken geschrieben. Es war klasse, die Bücher nicht immer hin- und herschleppen zu müssen. Es war ruhig, ich hatte keine Ablenkung in Form von Fernseher, Kühlschrank oder Mitbewohnern. Außerdem gab es einen klaren Arbeitsanfang und ein klares Arbeitsende. Das hat mir geholfen, in der Zeit wirklich produktiv zu schreiben.

***Weg mit dem Teil***

Für alle, die im Homeoffice arbeiten, ist es natürlich sinnvoll, einen Schreibtisch zu haben. In dem Fall – und auch, wenn du unbedingt einen eigenen Schreibtisch zu Hause haben möchtest – sollte er ständig einsatzbereit sein. Ich hätte dazu einen effektiven Vorschlag: Lagere nichts auf dem Schreibtisch, was du nicht in dem Moment brauchst, in dem du an ihm arbeitest. Im Umkehrschluss bedeutet es, dass du alles wieder an seinen Platz räumst, wenn du fertig bist. Stichwort: aufgeräumter Schreibtisch!

Natürlich gibt es Projekte, für die man länger braucht als einen Tag. Ich kenne das nur zu gut: Die Nähmaschine steht wochenlang herum, weil dieses oder jenes Stück noch nicht fertig geworden ist. In dem Fall ist die beste Taktik, mir ein Limit zu setzen und das Projekt in dem festgelegten Zeitraum fertigzustellen. Es sitzt mir dann nicht ewig im Nacken.

> **TIPP**
>
> *Handtaschen sofort auszuräumen, ist eine jener Routinen, die ich mir gerade angewöhne.*

Vielleicht hast du aber auch ein anderes Möbelstück in der Wohnung, auf dem sich immer alles ansammelt. Hier würde ich die Überlegung anstellen, ob du dieses Teil wirklich brauchst. Beobachte mal genau, welche Dinge immer wieder darauf landen. Ist es die Post? Dann hilft es, dir ein Ablagesystem zu überlegen und die eingehende Post einmal pro Woche konsequent wegzusortieren. Oder sind es Einkäufe? Dann gewöhne dir an, sie immer gleich nach dem Heimkommen einzuräumen.

***Keller, Dachboden, Abstellkammer***

Auf keinen Fall vernachlässigen sollten wir Räume, die wir nicht jeden Tag betreten. Das ist das Tückische an ihnen. Es ist immens verlockend, alles, um das wir uns gerade nicht kümmern wollen, exakt dort zu verstauen. Keller, Dachboden, Abstellkammer – das sind die Problemfälle. Für diese Räume gibt es eine einfache Regel: Es darf darin nur abgestellt werden, was wir wirklich ab und zu benutzen. Ich würde diese Regel sogar noch erweitern: meinetwegen auch Dinge, von denen wir GLAUBEN, dass wir sie wieder benutzen werden.

Letzteres ist allerdings eine heikle Angelegenheit und muss regelmäßig überprüft werden. In meinem Keller lagern beispielsweise hauptsächlich Utensilien zum

Streichen. Wer mich kennt, weiß, dass ich die wirklich regelmäßig benutze. Im Moment gesellen sich aber auch noch Möbelstücke hinzu, die nicht mehr so wirklich in die aktuelle Wohnung passen. Ich kann sie mir aber gut in einer anderen Umgebung vorstellen. Und ich finde sie auch zu schön, um sie wegzugeben. Ich gestehe mir zu, sie eine Weile zu lagern. Gleichzeitig bin ich mir aber im Klaren, dass sie vielleicht doch nie wieder bei mir aufgestellt und deswegen irgendwann verkauft oder verschenkt werden müssen.

Wie bei jedem Platz in der Wohnung gilt auch für Keller, Dachboden und Abstellkammer: Behalte den Überblick über die Dinge, die da lagern. „Was habe ich dort?" und „Warum habe ich es noch?" sind Fragen, die du dir jederzeit überzeugend beantworten solltest. Wenn du den geringsten Zweifel an einem Gegenstand hast, ist es Zeit für ihn, weiterzuziehen.

**TIPP**

*Für feuchtere Keller eignen sich Regale aus Metall. Es gibt sie in günstigen Möbelhäusern und Baumärkten.*

***Was tun bei kleinem Wohnraum?***

Je weniger Platz du hast, desto kreativer musst du werden, um sinnvoll Staumöglichkeiten zu schaffen. Wenn man wirklich sehr wenig Raum zur Verfügung hat, bieten sich Einbauschränke an. Bei einer kleinen Wohnung ist es noch wichtiger, immer Ordnung zu halten. Sonst fühlt man sich darin schnell beengt oder sogar erdrückt. Als ich in Frankreich studierte, wohnte ich in einem Studentenwohnheim. Mein Zimmer hatte gerade mal neun Quadratmeter, inklusive Bad. Ganz so schlimm, dass ich auf dem Klo sitzen und gleichzeitig duschen konnte, war es aber nicht. Und ich muss sagen, ich habe mich gar nicht unwohl gefühlt. Und das, obwohl es objektiv betrachtet echt hässlich war! Alles war aus Plastik in Weiß und Orange gehalten. Doch der Raum war gut durchdacht: Es gab Einbauschränke unter und sogar über dem Bett. Interessanterweise hatte ich dennoch nicht die Befürchtung, dass der Schrank nachts auf mich draufkrachen könnte. Eher war es ein gemütliches Gefühl. Man schlief wie in einer kuscheligen Koje.

Es gab auch ein recht großes Fenster. Darunter befand sich ein Schreibtisch. Rechts und links unterm Schreibtisch waren Schränke angebracht. Zusätzlich gab es einen Hängeschrank seitlich an der Wand. Natürlich ist so ein Raum nicht für ein ganzes Leben gedacht! Aber sicher haben viele von uns Phasen, in denen sie auf kleinem Raum wohnen müssen. Ich habe ja schon erwähnt, dass es gut ist, nicht zu viel Stauraum zur Verfügung zu haben. Für sehr kleine Wohnungen gilt das aber nur bedingt. Hier hat man den Luxus von zu viel freiem Platz ja in gar keinem Fall! Wenn du also gerade eher beengt wohnst, nutze den Platz, den du dir schaffen kannst, für intelligente Stausysteme, die ordentlich aussehen und mit denen du ganz einfach Ordnung halten kannst.

***Smarte Ideen für wenig Platz***

Natürlich ist es in dieser Situation besonders wichtig, sich von allem Überflüssigen zu trennen. Eine gute Möglichkeit, um zusätzlichen Stauraum zu schaffen, ist, das Bett auf einem Podest aufzustellen. Wenn du dein Bett erhöht positionierst, kannst du darunter eine Menge Schubladen unterbringen. Eine meiner Freundinnen hatte in ihrer 30-Quadratmeter-Wohnung ein richtiges Hochbett. Darunter stand ihr Kleiderschrank. Natürlich muss die Deckenhöhe das zulassen.

Apropos Deckenhöhe: In kleinen Räumen macht es sich immer gut und sieht schön aus, die Wand bis ganz nach oben zu nutzen. Schränke, so hoch es geht. Das streckt die Wand optisch in die Höhe, und es nimmt dir nicht so viel Raum weg. Es gibt gut gestaltete, schlichte Schränke, etwa beim schwedischen Möbelhaus, die sich toll dafür eignen. Wenn du handwerklich begabt bist, kannst du auch noch andere Spielereien einbauen, die ebenfalls Platz sparen. Zum Beispiel einen Wäscheständer mit Seilzug. Oder, falls du einen schmalen Flur hast, einen Hängeboden unter der Decke. Aber auch hier wieder: Achtung! Nicht vergessen, was du dort lagerst! Nutze in einem kleinen Bad den Raum über dem Spülkasten etwa für Handtücher. Auch im Bad machen sich Regale bis unter die Decke gut, wo du Dinge unterbringen kannst, die du nicht so oft benutzt. Der Platz über der Tür eignet sich ebenfalls für selbst gebaute Regale (mit günstigen Winkeln aus dem Baumarkt geht das ganz leicht). Meist sieht das sogar ganz besonders hübsch aus!

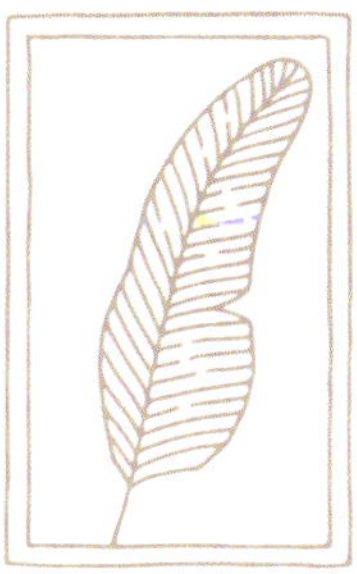

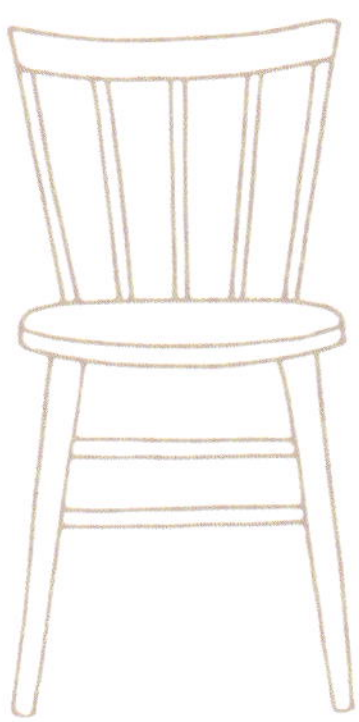

## 06 / EINFACHE DIY-IDEEN: MEHR STAURAUM, MEHR ORDNUNG

Ordnen und Sortieren ist eigentlich ganz leicht. Du brauchst nicht viel dafür. Einfache, günstige Upcycling-Lösungen reichen vollkommen aus: Schuhkartons zum Beispiel. Sie sind wunderbar zum Sortieren von Kleidung. Auch Milchkartons sind dafür perfekt! Und weil ich viel bastle und selber baue, überlege ich mir immer wieder neue clevere Aufbewahrungslösungen. Schrauben, Holzdübel und andere Kleinteile bewahre ich zum Beispiel in Einmachgläsern auf. Die gibt es in allen möglichen Größen – so findet sich immer das passende Glas für die entsprechende Menge Inhalt.

***Ordnungssysteme aus Kartons***

Schuhkartons oder Milchtüten eignen sich hervorragend als Schubladeneinsätze. Gerade Schuhkartons sind oft von sehr guter Qualität und richtig schön stabil. Weil sie in Größe und Breite variieren, lässt sich der Schubladeneinsatz individuell zusammenstellen. Es ergibt immer ein schönes, geordnetes Bild, wenn man die Schublade öffnet und seine T-Shirts, Socken und Unterwäsche so hübsch und übersichtlich sortiert in den Kartons vorfindet. Ein weiterer Vorteil: Sie kosten nichts. Und sie sind nicht aus Plastik!

### *SCHUBLADENEINSATZ AUS MILCHKARTONS*

Wusstest du schon, dass sich auch Milchkartons bestens als Schubladeneinsätze eignen? Ich nutze sie zum Einordnen von kleinteiligeren Dingen wie Socken oder Unterwäsche. Ein Schuhkarton wäre mir dafür zu groß. Milchkartons hingegen sind schön schmal. Und damit übrigens auch perfekt für Babysachen! Ich verwende dafür die schmalen, hohen Kartons für Milch oder Milchersatzprodukte. Wenn sie leer sind, spüle ich sie erst kurz mit Wasser aus, schneide sie auf die passende Größe zurecht und reinige sie anschließend von innen und außen einfach mit Spülmittel und Wasser – so, wie jedes andere Geschirr auch. Dann lasse ich sie gründlich trocknen.

»MIT EIN BISSCHEN KREATIVITÄT MÜSSEN ORDNUNGSSYSTEME GAR NICHT TEUER SEIN. UND NACHHALTIG SIND SIE AUCH NOCH.«

## *SCHUBLADENEINSATZ AUS PAPPKARTONS*

Jeder von uns hat immer mal irgendwo etwas Karton oder Pappe übrig. Zum Beispiel vom Weihnachtspaket. Daraus bastele ich ruckzuck einen Schubladeneinsatz:

***Und so geht's:***

01 / Du brauchst: Einen Schuhkarton, Maßband und Bleistift, Pappkarton und eine gute, kräftige Papierschere. Schau dir zunächst das Foto vom Endergebnis an, dann siehst du, wie die Fächerunterteilungen geschnitten und montiert werden.

02 / Überlege dir, welche Fächer du in der Schuhschachtel haben möchtest (Anzahl, Größe), und nimm die Maße in Länge, Breite und Höhe. Übertrage die Maße auf den Karton, schneide die Fächerunterteilungen entsprechend zurecht und schneide sie an den Stellen ein, an denen du sie ineinandersetzen möchtest.

**PRAKTISCH**

—

*Nie mehr Chaos mit Socken, Kleinkram & Co!*

## *SORTIEREINSATZ AUS TOILETTENPAPIERROLLEN*

Für Bastelsachen, Ketten, Reste von Schnüren etc. habe ich mir einen Sortiereinsatz aus Toilettenpapierrollen und Büroklammern gebastelt. Die Rollen schneide ich in der Mitte einmal quer durch und hefte sie dann mit den Klammern aneinander. Du kannst sie natürlich auch zusammenkleben. Und hier zeige ich dir, wie's geht:

**DAS BRAUCHST DU**

—

- *Toilettenpapierrollen*
- *1 stabiler Kartondeckel (z. B. Schuh-, Kleiderkarton)*
- *Papierschere*
- *Papierkleber oder Büroklammern*

***Und so geht's:***

**01 /** Nimm eine Toilettenpapierrolle und lege fest, wie viele Rollen du brauchst, um den Karton zu füllen. Schneide die Rollen in entsprechender Höhe zurecht (das geht am besten, wenn du sie leicht zusammendrückst).

**02 /** Stelle die zurechtgeschnittenen Rollen in den Karton – wenn du genügend hast, kannst du damit beginnen, sie zu befestigen, z. B. mit Papierkleber.

**03 /** Denke beim Kleben daran, dass alle Kontaktseiten mit etwas Kleber betupft sind – so hält das Ganze besser zusammen. Wenn du möchtest, kannst du zum Befestigen aber auch Büroklammern verwenden.

**04 /** Voilà – der super aufgeräumte Lieblingsplatz für alles, was wuselt, sich kringelt oder sonst wie gern Beine kriegt!

01

02

03

04

## *AUFBEWAHRUNGSREGAL FÜR DIE KÜCHE*

Ganz einfach zu machen! So ein Regal lässt sich perfekt an deine individuellen Bedürfnisse und Räumlichkeiten anpassen. Alle Materialien bekommst du im Baumarkt.

### DAS BRAUCHST DU

—

*— Holzbretter in gewünschter Breite und Länge*

*— Säge (falls du die Bretter selber zurechtschneidest)*

*— Schleifpapier (grobkörnig und feinkörnig)*

*— Holzschrauben (pro Regalbrett vier Stück, zwei für jede Seite)*

*— Schraubenzieher/Akkuschrauber*

*— Holzbohrer*

*— dickes, festes Gummiband (von der Rolle, ca. 10 m)*

*— 2 Winkel zum Fixieren des Regals an der Wand*

*— Dübel und Schrauben für die Winkel, Bohrmaschine*

*— Einmachgläser als Aufbewahrungshilfen*

## YUMMY

—

*Was mit Nudeln? Oder mit Chia? Oder doch lieber mit Linsen oder Reis? So piekfein aufgereiht sehen die Zutaten gleich noch viel appetitlicher aus. Und machen richtig Lust aufs Kochen!*

**05**

***Und so geht's:***

**01 /** Lass die Bretter in den gewünschten Maßen entweder im Baumarkt zuschneiden oder säge sie selbst zurecht. Schleife alle Kanten per Hand erst mit grobkörnigem und dann mit feinkörnigem Schleifpapier ordentlich ab. So werden sie schön glatt.

**02 /** Mithilfe der Holzschrauben montierst du die Bretter jetzt zu einem Regal. Das funktioniert wie bei einer Leiter: zwei lange Bretter außen und die Regalbretter innen.

**03 /** Mit einem Holzbohrer, der den gleichen Durchmesser wie dein Gummiband hat, bohrst du nun jeweils rechts und links zwischen zwei Regalbrettern ein Loch in die Außenwand des Regals. Auf welcher Höhe das Loch sitzt, wird durch die Höhe der Einmachgläser bestimmt. Das Gummiband soll am Ende dazu dienen, die Gläser zu fixieren. Schleife die Löcher glatt, um Splitter zu entfernen.

**04 /** Fädele das Gummiband wie im Slalom oder wie bei einem Schnürsenkel straff durch die Löcher und verknote beide Enden, damit es nicht mehr durch die Löcher rutscht.

**05 /** Damit das Regal stabil hält, befestige es mit kleinen Winkeln an der Wand. Die Winkel brauchen nicht groß zu sein. Wenn sie fest mit Regal und Wand fixiert sind, geben sie dem Regal auch bei kleiner Größe genügend Halt.
Wenn du magst, kannst du die Einmachgläser noch beschriften: mit wasserfestem Filzstift, Acrylfarbe und Pinsel, selbstklebenden Etiketten und Tafelkreide oder (wie ich es mache) mit einem Labelmaker. Sieht hübsch aus!

01

02

03

04

## SCHUBLADENEINSATZ FÜR BESTECK UND KOCHUTENSILIEN

Die meisten Schubladeneinsätze, die man kaufen kann, sehen nicht sonderlich schön aus. Zudem sind sie meist aus Plastik. Hier zeige ich dir eine plastikfreie Variante, die außerdem den Vorteil hat, dass du sie exakt auf deine Bedürfnisse abstimmen kannst. Auch hier bekommst du alle Materialien im Baumarkt.

### DAS BRAUCHST DU

—

— Bleistift

— Meterstab

— 1 dünne Holzplatte (Maße etwas kleiner als deine Schublade)

— Trennhölzer für die einzelnen Fächer

— Kanthölzer für das Messerfach

— optional: Säge

— Schleifpapier (grobkörnig und feinkörnig)

— Holzleim (Expressleim)

*Und so geht's:*

**01 /** Räume deine Besteckschublade aus und überlege, welche Unterteilung du gern hättest. Zeichne dir die Umrisse der einzelnen Fächer, die du benötigst, mit Bleistift hinein. Übertrage diese Maße auf die Holzplatte.

**02 /** Nimm von diesen Fächern die Maße ab, damit du weißt, wie du im nächsten Schritt die Trennhölzer zuschneiden musst, die als Seitenbegrenzungen der Fächer dienen. Überlege dir bei diesem Arbeitsschritt auch, wie hoch die Kanthölzer für das Messerfach sein müssen und wie eng oder weniger eng sie nebeneinander montiert werden müssen, damit sie eine Art Messerblock bilden, in dem die Klingen sicheren Halt finden.

**03** / Lasse dir die passenden Trenn- und Kanthölzer entweder im Baumarkt zuschneiden oder säge sie selber zurecht.

**04** / Schleife die Ecken und Kanten mit dem Schleifpapier glatt.

**05** / Befestige alle Trenn- und Kanthölzer mit dem Holzleim auf dem dünnen Holzbrett und lasse alles gut durchtrocknen (am besten über Nacht).

---

**»MIT NATURMATERIALIEN LÄSST SICH BESONDERS SCHÖN ORDNUNG HALTEN. SIE HABEN EINE BERUHIGENDE AURA.«**

---

## IN REIH UND GLIED

—

*Messer, Gabel, Löffel – alles perfekt an seinem Platz! So schön kann ein gekauftes Besteckfach kaum sein. Und so nachhaltig und individuell sicher auch nicht.*

## KLEIDERSTANGE

Diese superschnell gemachte Kleiderstange macht sich wirklich überall hübsch, weil sie so schön schlicht ist (alle Materialien dafür bekommst du im Baumarkt).

### DAS BRAUCHST DU

—

*— 1 Rundholz (Durchmesser 22 mm)*
*— optional: Säge*
*— Schleifpapier (grobkörnig und feinkörnig)*
*— Holzbohrer*
*— Meterstab*
*— Naturseil (z. B. aus Sisal)*
*— Bohrmaschine/ Steinbohrer*
*— 2 Befestigungshaken und 2 passende Dübel*

***Und so geht's:***

**01 /** Säge das Rundholz in der gewünschten Länge zu und schleife die Kanten mit dem Schleifpapier glatt. Bohre mit dem Holzbohrer am rechten und linken Ende der Stange je ein Loch durch das Rundholz im Durchmesser deines Seils. Achte darauf, dass die beiden Löcher exakt auf einer Linie liegen. Schleife die Löcher glatt, um Splitter zu entfernen.

**02 /** Messe ab, in welcher Länge die Kleiderstange von der Zimmerdecke hängen soll. Schneide dir zwei Stücke des Naturseils in dieser Länge zu (gib noch jeweils genügend Maß für die Verknotung hinzu – am besten probierst du vorher einen Knoten aus, damit du siehst, wie viel Seillänge du dafür brauchst). Fädele jeweils ein Seilende durch das gebohrte Loch und verknote das Ende so fest, dass sich der Knoten auch unter größerer Last nicht löst.

03 / Messe den Abstand zwischen den beiden Seillöchern in der Rundstange. Vermesse auch den Abstand zur Wand, damit die Kleider bequem auf Bügeln hängen können. Übertrage diese Maße auf die Stelle an der Zimmerdecke, an der die Kleiderstange montiert werden soll. Bohre jeweils ein Loch an genau der Stelle, wo ein Seilende befestigt wird. Schraube darin je einen Haken mit passendem Dübel fest. Befestige die Seilenden fest an den beiden Haken.

## BRIEFABLAGE MIT SCHLÜSSELHAKEN

Mit diesem DIY-Projekt schlägst du zwei Fliegen mit einer Klappe: Du hast ab sofort einen festen Platz für deine Post – und für deine Schlüssel. Kein Suchen mehr!

Am besten bekommt jeder Mitbewohner ein eigenes Fach (die Anleitung für diese Briefablage sieht zwei Fächer vor). Wie bei allen anderen DIY-Projekten, die ich gezeigt habe, bekommst du auch hierfür alles, was du brauchst, im Baumarkt.

### DAS BRAUCHST DU

—

- *Kanthölzer* *
- *optional: Säge*
- *Schleifpapier (grobkörnig und feinkörnig)*
- *Holzbohrer*
- *Akkuschrauber*
- *4 Holzschrauben*
- *Schwarzer Sprühlack*
- *Wiener Geflecht*
- *Handtacker*
- *Holzleim*
- *4 Schlüsselhaken*
- *Hammer*
- *2 Bildaufhänger und Nägel*

* ***Kanthölzer:***

bekommst du im Baumarkt in verschiedenen Längen. Hier handelt es sich um ein recht kleines Objekt, daher reichen wahrscheinlich 1 bis 2 Kanthölzer für den Rahmen und eines für das Innere der Ablage aus. Maße: 2 cm x 1,7 cm (Kantholz für den Rahmen); 3 cm x 1,7 cm (Kantholz für die Innenteile)

EYECATCHER

—

*So bekommen die Schlüssel garantiert keine Beine mehr. Und wichtige Post geht nie mehr unter!*

*Und so geht's:*

**01** / Schneide dir zunächst die Kanthölzer für Rahmen und Innenteile zu. Du brauchst vier längere und vier kürzere Teile für die beiden Rahmen. Du kannst die Kanthölzer entweder selbst nach Maß absägen oder du lässt das im Baumarkt machen. Maße: 4 x 30 cm L und 4 x 18 cm L.

**02** / Schneide nun die Kanthölzer für die drei Innenteile zu.
Maße: 3 x 18 cm L.

**03** / Poliere die Enden mit grob- und feinkörnigem Schleifpapier (das sieht nicht nur besser aus, es lässt sich auch leichter verarbeiten).

**04** / Bohre mit dem Holzbohrer in den kürzeren Rahmen-Kanthölzern die Löcher für die Schrauben vor. Achte darauf, dass die Löcher im Holz gerade verlaufen.

**05** / Schraube dann die Rahmen oben und unten zusammen.

**06** / Überlege nun, wo am unteren Innenholz die Schlüsselhaken angebracht werden sollen, und bohre die Löcher dafür mit dem Holzbohrer an. Schleife anschließend einmal darüber, damit sich alles schön glatt anfühlt und sauber aussieht.

**07** / Jetzt kannst du die fertig verschraubten Rahmen sowie die Innenhölzer mit Sprühlack stylen. Anschließend muss alles gut durchtrocknen.

**08** / Schneide dir jetzt für den vorderen Rahmen ein passendes Stück Wiener Geflecht zu. Achte darauf, dass genügend Überstand verbleibt, damit du es innen problemlos befestigen kannst. Tackere das Wiener Geflecht anschließend gut am Rahmen fest.

04

05

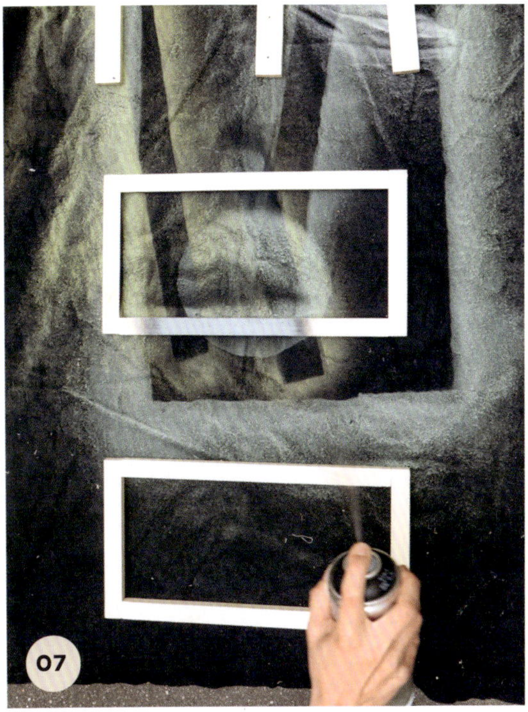
07

08

**09** / Bestreiche die Innenhölzer mit Holzleim und befestige sie damit zwischen den beiden Rahmen (eines oben, eines unten, eines in der Mitte). Optional kannst du das Ganze mit Zwingen fixieren, damit es stabiler austrocknet.

**10** / Schraube nun die vier Schlüsselhaken in die vorgebohrten Löcher. Natürlich kannst du auch mehr oder weniger Haken anbringen – je nachdem, wie viele Schlüssel du hast!

**11** / Zum Befestigen an der Wand kannst du an der Rückseite Bildaufhänger anbringen und die Briefablage mit Nägeln an die Wand hängen.

—

»DAS SCHÖNE AM SELBERMACHEN: DU KANNST ALLES AN DEINE BEDÜRFNISSE UND DEINEN EIGENEN GESCHMACK ANPASSEN.«

—

09

10

KAPITEL

# 06

# *SAUBER MACHEN UND PUTZEN*

KAPITEL 06

# KLAR SCHIFF MACHEN – ALLES HALB SO WILD!

## 01 / *NEUE GEWOHNHEITEN ENTWICKELN*

Weißt du, was das Wichtigste beim Putzen ist? Routine! Klingt nach ständiger Haushaltsarbeit, ist aber das Gegenteil davon. Wenn du die Sache regelmäßig angehst, hast du letzten Endes viel weniger Arbeit.

Routine zu entwickeln, hat auch mit der Fähigkeit zu tun, Prioritäten zu setzen. Du hast bestimmt schon gemerkt, dass ich ein Fan von Prioritäten bin. Auch bei etwas so Banalem wie Putzen. Wenn ich damit beginnen möchte, eine Routine zu entwickeln, frage ich mich als Erstes, was für mich besonders wichtig ist. Beim Putzen zum Beispiel gibt es bestimmte Arbeiten, die jeden Tag erledigt werden müssen. Und es gibt Arbeiten, bei denen es vollkommen ausreicht, sie alle zwei Wochen oder noch seltener in Angriff zu nehmen. Bei allen Regelmäßigkeiten, die ich mir bisher angeeignet habe, stellte sich heraus, dass es mir persönlich nicht guttut, wenn ich zu viele oder allzu strenge Routinen entwickle. Ich neige dann dazu, in Perfektionismus zu verfallen, und dann dreht sich alles nur noch darum, die Wohnung zu jedem Zeitpunkt perfekt vorzeigbar zu halten. Insofern habe ich meine Routine nochmals dahingehend abgeklopft, welche Dinge für mich wirklich essenziell sind – und welche ich ruhig auch mal vernachlässigen kann. Für mich ist es zum Beispiel besonders wichtig, dass das Waschbecken und der Spiegel im Bad immer blitzblank sind. Spritzer auf dem Spiegel ertrage ich nicht. Mir kommt es dann so vor, als sehe alles im Bad irgendwie gleich ein bisschen schmuddelig aus. So geht es mir auch mit dem Waschbecken. Wenn ich mich an einem schmutzigen Waschbecken zurechtmachen müsste, würde ich mich nicht richtig sauber fühlen. Wenn hingegen die Küche abends nicht so perfekt aussieht, finde ich das nicht schlimm. Ich denke mir dann, dass ich ja am nächsten Morgen, wenn der Kaffee durch den Espressokocher läuft, sowieso noch Zeit habe, ein bisschen aufzuräumen. Das sehe ich allerdings nur so entspannt, solange nicht so viele Sachen herumstehen, dass ich sie nicht locker in ein paar Minuten wegräumen könnte.

### *Nimm das, innerer Schweinehund!*

Du siehst: Wie bei so vielen Tipps, die ich dir bisher gegeben habe, möchte ich dir auch beim Thema Putzen Mut machen, die Dinge so anzugehen, dass es zu deinen Bedürfnissen und, ja, deinen Prioritäten passt. Wenn du dir ein neues System zum Ordnunghalten und Putzen überlegst, sollte es sich leicht in deinen Alltag integrieren lassen. Dann wird es dich nicht überfordern. Und du wirst auf diese Weise auch nicht das Gefühl haben, ständig am Putzen zu sein.

Ein bisschen Disziplin gehört aber natürlich dazu, wenn man Routine entwickeln möchte. Ich weiß, Disziplin ist ein furchtbares Wort. Aber leider macht sich der Haushalt nun mal nicht von alleine, und deswegen müssen wir immer am Ball bleiben.

Wenn du dir überlegt hast, welche Punkte beim Putzen für dich unabdingbar sind und welche Routinen du dafür entwickeln möchtest, heißt es: Trainieren. Bis man eine neue Routine verinnerlicht, braucht es etwa einen Monat. Du kennst das sicher vom Sport: Am Allerschwersten ist das Anfangen. Irgendwann denkt man dann aber nicht mehr drüber nach, ob man abends noch die Laufschuhe schnüren oder sich morgens aufs Fahrrad setzen und ins Fitnessstudio fahren soll. Am Anfang ist das aber eine große Überwindung! Wie gerne würde ich dir jetzt DEN magischen Trick verraten, der das Endlich-damit-Anfangen für dich ganz einfach macht. Aber leider gibt es den nicht. Der innere Schweinehund muss bezwungen werden, bis deine Routinen wie von selbst ablaufen.

Mich persönlich nervt es, wenn ich zu viel auf einmal machen muss. Deswegen habe ich mir angewöhnt, mit kleinen Routinen dafür zu sorgen, dass immer eine gewisse Grundordnung und Grundsauberkeit herrscht. Die gröberen Brocken hebe ich mir dann für das eine oder andere Wochenende auf. Natürlich wirst du beim Putzen deine individuelle Vorgehensweise entwickeln. Schließlich findet ja jede und jeder von uns auch in Bezug auf Sauberkeit ganz unterschiedliche Punkte wichtig. Deshalb gehe ich jetzt einfach mal von mir aus und lasse dich daran teilhaben, wie ich es so handhabe. Vielleicht inspiriert es dich!

*Schlafzimmer*

Das Schlafzimmer muss ordentlich sein, bevor ich zu Bett gehe. Alles andere würde mich nervös machen. Und dann schlafe ich schlecht. Es darf nichts auf dem Boden oder sonst wo herumliegen. Unser Schlafzimmer ist klein, deshalb achte ich darauf, dass sich nichts Unnötiges im Raum befindet. Sollte doch noch etwas vergessen worden sein, bevor ich ins Bett gehe, räume ich es auf. Das kann mal liegengebliebenes Spielzeug sein, mal ein Wäschestück oder ein ausgelesenes Buch. Und natürlich mache ich nach dem Aufstehen das Bett. Erstens sieht das viel schöner aus, zweitens hat man gleich ein gutes Gefühl, wenn man den Raum betritt. Trotzdem bin ich dabei nicht dogmatisch. Wenn ich es aus irgendeinem Grund mal nicht gleich schaffe, ist das auch okay.

Viele haben im Schlafzimmer ja den berühmt-berüchtigten „Klamottenstuhl". Das ist jener Stuhl, auf dem sich die Kleidung sammelt, die schon mal getragen wurde, aber noch zu sauber ist für den Wäschekorb. Bei mir ist dieser Stuhl ein Korb. Wenn sich etwas in einem Korb sammelt, sieht das ordentlicher aus als auf einem Stuhl. Außerdem nimmt ein Korb weniger Platz weg. Ich räume ihn mindestens einmal die Woche leer. Oft werde ich gefragt, was ich mit den Kleidungsstücken mache, die schon mal getragen, aber noch nicht schmutzig sind. Ganz einfach: Ich lege sie zurück in den Schrank. Wenn ich entschieden habe, dass ich sie noch mal anziehen kann, weil sie nicht müffeln oder keine Flecken haben, ist das für mich vollkommen okay. Die Alternative wäre, sie im Korb oder auf dem Stuhl zu belassen. Oder nach einem Mal Tragen in die Wäsche zu geben. Wenn das für dich eine Option ist, gerne!

»FESTGELEGTE ROUTINEN IM TAGESABLAUF ERLEICHTERN DIR DAS SAUBERHALTEN – SO, WIE EINMAL FESTGELEGTER PLATZ FÜR BESTIMMTE DINGE DAS AUFRÄUMEN ENTSTRESST.«

*Besser als ein Stuhl: Was noch getragen wird, kommt in den Korb.*

***Küche***

Die Küche ist ein Kampf gegen Windmühlen. Oft ist sie der Mittelpunkt der Wohnung. Bei uns ist das auch so. Ganz viel Leben spielt sich hier ab. Dementsprechend sieht es auch aus. Und dementsprechend ist man in diesem Raum immerzu am Machen und Tun. Ich finde es deshalb superwichtig, dass jedes Ding seinen festen Platz bekommt. Wenn das erst einmal festgelegt ist, geht das Aufräumen meist ziemlich schnell. Trotzdem wird man nicht umhinkommen, die Küche mehrmals täglich aufzuräumen. Spätestens nach jeder Mahlzeit.

*Geschenkte Zeit nutzen*

Meine Taktik für ein entspanntes Miteinander in Sachen Küche: dafür sorgen, dass jeder in der Familie genau weiß, wo die Sachen hingehören, sie nicht lange rumstehen lässt und gleich aufräumt. Dazu kommen feste Routinen: Jeden Abend mache ich in der Küche das Gröbste sauber und lasse höchstens ein paar Kleinigkeiten stehen. Morgens das gleiche Ritual: Ich stehe auf, mache Kaffee. Während der kocht, räume ich die Spülmaschine aus (und wenn nötig ein), spüle die Sachen, die von Hand gespült werden, wische mal eben über die Schranktüren, den Mülleimer oder was sonst gerade leicht verschmutzt ist.

In der Küche hat man ja immer wieder Momente, die man mit Warten verbringt. Geschenkte Zeit, die sich gut fürs Aufräumen nutzen lässt. Man wartet aufs Teewasser, bis der Tee durchgezogen ist, die Kartoffeln gar werden, der Kuchen fertig gebacken ist ... Wenn ich diese Momente nutze, um immer wieder ein bisschen aufzuräumen, kommt mir das gar nicht richtig wie aufräumen oder putzen vor. Letztlich ist das aber auch eine Frage des Typs. Ich muss immer ein bisschen schmunzeln, wenn Richard kocht. Richard ist ein ebenso leidenschaftlicher wie chaotischer Koch. Wenn das Essen fertig ist, sieht die Küche aus, als hätte eine Bombe eingeschlagen. Wenn ich gekocht habe, sieht es aus, als wäre nie etwas passiert. Solange das Chaos aber nicht

*Immer übersichtlich und griffbereit: das Lieblingsgeschirr.*

immer an mir hängen bleibt, finde ich das in Ordnung. Allerdings halte ich es für wesentlich effektiver und praktischer, schon während des Kochens hier und da etwas aufzuräumen. Das spart enorm Zeit und hat den Riesenvorteil, dass man nicht so viel auf einmal wegräumen und sauber machen muss.

Was man nicht wirklich sauber machen kann, während man kocht, sind Herd und Backofen. Das ist auch der Grund, warum ich die nicht täglich putze. Obwohl ich es besser fände. Es gibt einfach Dinge, die reibungslos in den täglichen Ablauf passen. Und es gibt Dinge, bei denen man sich zwingen muss, sie irgendwo im täglichen Einerlei unterzubringen. Sport zum Beispiel. Oder eben: Herd und Backofen putzen. Im Moment handhabe ich es so, dass ich beides immer mal wieder zwischendurch sauber mache, wenn ich gerade Zeit habe.

***Wohnzimmer***

Das Wohnzimmer hat so einige Tücken. Oft ist es für die ganze Familie das Herzstück der Wohnung. Hier mischen sich die verschiedensten Interessen, die alle ihren Platz beanspruchen. Weil unsere Küche klein ist und wie ein Schlauch geschnitten, passt da kein Tisch rein. Demzufolge ist das Wohnzimmer auch gleichzeitig unser Esszimmer. Und da wir kein Arbeitszimmer haben, ist unser Esstisch nicht selten auch gleichzeitig der Schreibtisch. Und weil unsere Tochter noch klein ist, ist unser Wohnzimmer für sie meist das Spielzimmer und so weiter ...

Damit sich nun im Wohnzimmer nicht permanent Unordnung breitmacht, habe ich eine Lösung gefunden: ein großer Schrank. Auch darin sammeln sich nun diverse Interessen. Wir haben da die berühmte Kramschublade fürs Kinderspielzeug. Der Fernseher steht auch drin (ich finde die meisten Fernseher per se hässlich und verstecke das Teil deshalb lieber). Dann sind da auch eine Box für Musik untergebracht sowie Richards Playstation (ja, er hat noch eine) und die DVDs (ja, wir haben noch welche). Zusätzlich befindet sich dort noch das Fach für meine Ordner mit Papierkram. Und für Richards Post und Belege. Es kommt immer wieder einmal vor, dass er diese Dinge eine Weile auf dem Esszimmertisch zu einem immer größeren Stapel aufhäuft. Dann nehme ich mir die Freiheit und verstaue das Ganze in Richards Schrankfach für Papierkram. Er weiß dann genau, wo er es wiederfinden kann. Und ich muss mich nicht darüber ärgern, dass es tagelang auf dem Tisch herumliegt. Die Sachen, die im

Schrank untergebracht sind, werden in regelmäßigen Abständen überprüft, ob wir sie noch brauchen oder nicht. Vor einiger Zeit etwa habe ich einen ganzen Schwung Wohnzeitschriften aussortiert.

Meine tägliche Routine im Wohnzimmer beschränkt sich im Wesentlichen darauf, den vielseitig genutzten Tisch frei zu halten: Nach Gebrauch wird sämtliches Arbeitsmaterial, Geschirr oder Sachen, die wir nach einem Ausflug dort abgestellt haben, weggeräumt und an seinen festen Platz geordnet. Wenn ich tagsüber nicht dazu komme, mache ich es abends, wenn unsere Tochter im Bett ist. Dann räume ich auch das Spielzeug, das noch auf dem Boden liegt, in die Kramschublade. Abends ist das Zimmer für uns Eltern da, und wir freuen uns, wenn es ordentlich aussieht und nicht voller Spielzeug ist. Auch wenn du keine Kinder hast, kann die Kramschublade eine Wunderwaffe gegen das tägliche Chaos sein. Du musst nur daran denken, sie regelmäßig auszusortieren.

***Badezimmer***

Unser Bad ist relativ klein. Wir haben nur wenige Sachen da stehen. Aufräumen und putzen geht also unglaublich leicht. Und macht mir sogar Spaß! Nicht unbedingt das Schrubben und Wischen an sich, aber das entspannte Gefühl, dass das im Bad so unkompliziert ist. Wie ich schon erwähnte, müssen bei mir vor allem Waschbecken und Spiegel immer tipptopp sein. Unser Waschbecken ist groß, deswegen sammeln sich da ganz schnell Schmutz und Staub, und spätestens zwei Tage nach dem Saubermachen sieht es wieder schmuddelig aus. Deswegen habe ich mir angewöhnt, das Becken jeden Abend nach dem Zähneputzen sauber zu wischen, genauso wie den Spiegel. Zahnpasta-Spritzer auf dem Spiegel finde ich grässlich. Sicher sind es bei dir andere Dinge, die dich stören. Überleg dir einfach, wie du das Sauberhalten dafür in deinen

Alltag integrieren kannst. Ich für meinen Teil halte es so, dass ich die Woche über alles im Bad soweit sauber mache, dass ich nicht an einem Tag ranmuss, um alles auf einmal großreinezumachen.

## 03 / #SAUBERSAMSTAG

Vor einiger Zeit ergab es sich, dass immer der Samstag zu meinem großen Putztag wurde. „Großer Putztag" bedeutet, dass ich an dem Tag Sachen mache, zu denen ich unter der Woche nicht komme. Einen solchen Tag gibt es in vielen Haushalten. Ich habe meinen *#saubersamstag* getauft, weil ich meine Community auf Instagram daran teilhaben lasse, was ich an dem Tag so alles putze. In meiner Instastory zeige ich Zeitraffer-Videos der verschiedenen Tätigkeiten und Handgriffe. Viele finden das sehr motivierend und ich bekomme jede Menge nette Nachrichten und Videos von Leuten, die auch immer am Samstag putzen.

Die Aufgaben, die Richard und ich an unserem *#saubersamstag* erledigen, sind immer die gleichen. Diese Regelmäßigkeit hilft uns, immer auf dem Schirm zu haben, was alles erledigt werden muss und wie viel Zeit das in Anspruch nimmt. Aus der Routine entwickelte sich mit der Zeit eine gewisse Erfahrung. Und damit auch eine gewisse Entspanntheit. Denn Richard und ich wissen inzwischen genau, dass wir am *#saubersamstag* nicht den ganzen Tag mit Putzen verbringen müssen, sondern so rechtzeitig fertig werden, dass wir danach auch noch das Wochenende genießen können. Wir teilen uns die Aufgaben so untereinander auf, dass wir möglichst schnell vorankommen und alles zügig schaffen.

***Am #saubersamstag stehen bei uns folgende Punkte auf dem Programm:***

- Wäsche waschen
- Wohnung saugen
- Bad und Küche wischen
- Toilette und Badewanne sauber machen
- Einkaufen gehen
- Fenster putzen und ähnliche Aufgaben je nach Zeit, Lust und Bedarf

Der Ablauf ist ziemlich routiniert: Nach dem Aufstehen wird gleich die erste Wäscheladung angeschmissen, dann die Wohnung gesaugt. Anschließend geht Richard einkaufen und ich mache in der Zeit Badewanne und Toilette sauber. Danach wische ich noch den Boden in Küche und Bad. Im Großen und Ganzen sind diese wöchentlichen Aufgaben also recht überschaubar und in gut zwei Stunden zu schaffen.

»SAUBERMACHEN KANN RICHTIG SPASS MACHEN!«

Es kann natürlich immer mal vorkommen, dass wir mal mehr Wäsche haben oder dass wir die Woche über ein bisschen schludrig waren. Dann fällt entsprechend mehr Arbeit an. Trotzdem verbringen wir nicht den ganzen Samstag mit Putzen. Und wenn wir fertig sind, haben wir beide ein richtig gutes Gefühl, weil wir entspannt ins Wochenende starten können. Ein bisschen fühlt sich der geschaffte *#saubersamstag* so an wie nach dem Sport. Am Anfang hat man keine Lust und es kostet Überwindung. Und wenn man fertig ist, ist man froh und stolz, dass man es geschafft hat!

Am *#saubersamstag* erledige ich auch Dinge, die zwar nicht wöchentlich, aber doch regelmäßig gemacht werden müssen:

***Alle zwei Wochen***

— Bettwäsche wechseln

***Alle drei bis vier Wochen***

— Duschvorhänge waschen
— Badmatten waschen
— Wasserkocher entkalken

***Alle sechs bis zwölf Monate***

— Fenster putzen
— Dielen wischen

Alles andere, was an Hausarbeit anfällt, bringe ich in meiner täglichen Routine unter. Und natürlich ist dieser Plan individuell. Sicher möchtest du andere Sachen regelmäßig sauber machen oder die Aufgaben in anderen Abständen erledigen. Ganz gleich, wie du dir die Dinge einteilst, wird es dir ungemein helfen, einen festen Tag zu etablieren, an dem du ganz bestimmte Aufgaben in Angriff nimmst. Auch diese werden schließlich zur Routine. Und dann wird das Überwinden des inneren Schweinehunds von Mal zu Mal einfacher. Das ist im Grunde das ganze Geheimnis hinter der Routine: Hat man sie erst einmal verinnerlicht, verfliegt das Gefühl, sich überwinden zu müssen. Man macht es dann einfach. Und denkt nicht weiter drüber nach!

Trotzdem gibt es eine Sache, mit der auch ich mich absolut nicht anfreunden kann. Und ich schaffe es einfach nicht, sie routiniert in das tägliche Einerlei zu integrieren: Staubwischen. Beim Regal in der Küche kriege ich es noch einigermaßen regelmäßig hin. Einfach, weil mir das staubige Brett, wenn die Sonne darauf scheint, förmlich ins Gesicht springt. Dennoch gibt es in unserer Wohnung die eine oder andere Stelle, wo der Staub nicht gleich so auffällt. Und ich gebe zu: Da wird er von mir auch sträflich vernachlässigt.

## 04 / IM PUTZTEST: ZONE CLEANING

Die „Zone Cleaning"-Methode wurde mir von meiner Instagram- und YouTube-Community am allerhäufigsten empfohlen. Ich beschloss daher, sie auszuprobieren. Die Methode verspricht, dass man sich das größere, stundenlange Putzen einmal die Woche ersparen kann. Stattdessen führt man täglich bestimmte feste Saubermach-Routinen durch. Die Methode verspricht sogar, dass man keinen Frühjahrs- und Winterputz mehr zu machen braucht. Die Wohnung wird das ganze Jahr über immer sauber und ordentlich sein.

Dafür muss man allerdings viel mehr regelmäßige Arbeiten täglich bewältigen: eine Morgenroutine, eine Abendroutine sowie weitere kleinere Routinen tagsüber zwischendurch. Zum Beispiel jedes Mal, wenn man sich in der Küche aufhält, das Waschbecken blank putzen. Oder jedes Mal, wenn man im Badezimmer ist, etwas sauber machen, zum Beispiel die Toilettenschüssel, die Fliesen, die Armaturen. Zusätzlich gibt es noch Routinen für jeden Tag der Woche, etwa immer mittwochs Papierkram sortieren und abheften oder dienstags den Mülleimer auswaschen.

Das Putzen nach Zonen ist – so habe ich es empfunden – die Kür. Man nimmt sich jeden Tag 15 Minuten Zeit und putzt in einer Zone (einem bestimmten Platz im Haus oder in der Wohnung) alles von oben nach unten porentief rein. So arbeitet man sich Woche für Woche vom Eingangsbereich bis zur Küche, vom Badezimmer übers Kinderzimmer zum Arbeitszimmer, vom Schlafzimmer bis zum Wohnzimmer. Am Wochenende wird nicht geputzt! Das Prinzip dieser Methode leuchtet mir absolut ein: Die Methode will sicherstellen, dass man nicht mehr übers Putzen nachdenken muss. Durch feste Routinen, die man nach und nach in den Alltag integriert, gehen Aufräumen und Saubermachen derart in Fleisch und Blut über, dass man sie nicht mehr als Belastung, sondern als selbstverständlich empfindet.

Nachdem ich Zone Cleaning im Selbsttest durchgeführt habe, war ich allerdings nach ein paar Wochen fix und fertig. Ich hatte das Gefühl, nur noch am Putzen zu sein. Angeblich soll Zone Cleaning sich gerade für Berufstätige eignen. Ich bin selber berufstätig. Doch als Selbstständige habe ich das Glück, mir meine Arbeitszeit frei einteilen zu können. Wenn ich mir nun aber vorstelle, ich würde außer Haus arbeiten und müsste dieses Programm zusätzlich zu meinem Job noch jeden Tag durchziehen, frage ich mich, wo da noch Zeit für anderes bleiben soll!? Zone Cleaning verspricht, man habe damit mehr Zeit für sich. Meine Erfahrung war eine ganz andere: Ich war völlig erledigt von dem Anspruch, jeden Tag diese Routinen durchzuziehen und immer eine picobello saubere, ordentliche Wohnung zu haben. Ich war körperlich völlig erschöpft, hatte keine Zeit mehr für mich oder meinen Freund. Während Richard auf dem Sofa saß und ein Buch las, stand ich in der Küche und kümmerte mich darum, dass das Spülbecken so blitzt, dass man sich drin spiegeln kann.

An und für sich ist die Sache mit den täglichen Routinen ja wirklich gut. Es liegt an einem selbst, wie streng man mit sich ist und wie wichtig einem eine stets saubere Wohnung ist. Der „Zone Cleaning"-Test hat mir jedoch gezeigt, dass sich nicht jede Methode für jeden gleichermaßen eignet. Was dem einen leicht fällt, ist für den anderen eine große Überwindung. Man muss sich wirklich seinen eigenen Weg zurechtfriemeln!

Während der Wochen, in denen meine Wohnung immer so perfekt aufgeräumt und sauber war, habe ich allerdings eines sehr genossen: das tolle Gefühl, es könnte jederzeit jemand spontan zu Besuch kommen und es gäbe da nichts, wofür ich mich schämen müsste. Aber das hatte einen hohen Preis: Alle meine Gedanken und alles, was ich tat, drehten sich nur noch ums Putzen. Ich wurde immer penibler und war immer genervter, wenn Richard irgendetwas herumliegen ließ. Also gab es auch häufiger Streit um die Ordnung. Alles in allem gebe ich aber nicht der Methode die Schuld. Ich glaube, ich habe sie einfach zu streng für mich selbst ausgelegt.

Eine Freundin erzählte mir, wenn sich bei ihr Besuch ankündigt und sie innerhalb von 20 Minuten die Wohnung so herrichten kann, dass sie entspannt die Tür öffnet, wenn es klingelt, hat sie eine gute Grundordnung und Sauberkeit. Das, finde ich, ist ein super Richtwert. Und wahrscheinlich brauche ich dafür noch nicht einmal 20 Minuten!

## MEINE TOP 5 TIPPS FÜR EINE SAUBERE WOHNUNG

—

**1** / *Mach es gleich, dann ist es leicht!*

**2** / *Wartezeiten nutzen (z. B. während der Kuchen im Ofen ist)*

**3** / *Routinen entwickeln (an der Sache dranbleiben!)*

**4** / *Leg dir fixe Tage für bestimmte Aufgaben fest.*

**5** / *Mein Sauberkeits-Kompass: die 20-Minuten-Regel*

***Mach es gleich, dann ist es leicht!***

Dieser Tipp erleichtert mir den Alltag erheblich. Weil er sich nicht nur aufs Putzen, sondern aufs ganze Leben übertragen lässt. Auch wenn ich meine, dass man sich nicht übermäßig unter Druck setzen sollte und nicht ständig und immer alles sofort erledigen muss. „Gleich" heißt einfach: zeitnah. Das Leben ist so viel entspannter, wenn man die Dinge in dem Moment, zeitnah, erledigt, wenn sie gerade anfallen, wenn sie ins Auge stechen oder wenn man über sie stolpert. Ich mag es zum Beispiel gar nicht, den Kühlschrank zu putzen. Das habe ich eine ganze Weile vor mir selber gerechtfertigt: „Ach, ist doch noch okay, mache ich irgendwann, wenn ich Lust habe. Aber nicht jetzt!" Genau wie beim Ausmisten kommt dieses Irgendwann natürlich nie. Und solche Dinge wie „Kühlschrankputzen" und „Lust darauf" in einem Satz zu verwenden, ist sowieso Selbstbetrug – netter Versuch. Deshalb bin ich dazu übergegangen, einzelne Bereiche im Kühlschrank immer sofort dann sauberzumachen, wenn mir etwas auffällt. Manch einer würde jetzt vielleicht sagen, wenn ich sehe, dass es schmutzig ist, ist es schon zu spät. Ich finde aber, wenn ich keinen Schmutz sehe, ist es sauber. Und dann muss ich nicht putzen. Wenn ich immer mal wieder ein bisschen was sauber mache, habe ich nie das Gefühl, ich müsste jetzt eine riesige Hürde überwinden und den gesamten Kühlschrank ausräumen und komplett reinigen. Ähnlich ergeht es mir mit dem Mülleimer. Wir wissen alle, wie eklig es ist, wenn man einen Mülleimer zu lange nicht reinigt. Die Überwindung wird immer größer und größer. Deswegen halte ich es auch hier so, dass ich ihn immer mal wieder ab- und auswische, sobald ich Verschmutzungen sehe.

Aber natürlich gibt es auch Dinge, die beim Putzen ordentlich Zeit in Anspruch nehmen. Auch wenn man sie sofort macht! Fensterputzen zum Beispiel. Da muss man schon wild entschlossen sein und wirklich etwas Zeit übrig haben, wenn einem plötzlich auffällt, dass es draußen, beim Blick durchs Fenster, immer so ausschaut, als wäre es dauernd neblig. Für solche Fälle gibt es natürlich auch eine Regel: Alles, was weniger als eine Minute dauert, wird sofort erledigt. Ich persönlich bin da ein wenig großzügiger und habe die Regel für mich so formuliert: Alles, was nur drei Minuten dauert, wird sogleich gemacht. Das ist immer noch wenig Zeit. Aber du glaubst gar nicht, wie viel man in drei Minuten schaffen kann!

Diese Regel eignet sich perfekt auch fürs Ausmisten, Ordnen und Sortieren. Wenn du zum Beispiel merkst, dass sich der Inhalt deiner Sockenschublade völlig verselbstständigt hat und du keine zwei passenden Socken mehr zusammenkriegst, nimm dir ein paar Minuten und sortiere die Socken einmal kurz neu. Ich bin sicher, du brauchst noch nicht einmal drei Minuten dafür. Solltest du dabei Socken finden, die Löcher haben, schmeiße sie entweder sofort weg oder stopfe sie. Lege sie aber auf keinen Fall wieder zurück zu den anderen. Ob Sockenschublade oder Vorratsschrank: Sobald du feststellst, dass du nicht mehr durchblickst, wende die 3-Minuten-Regel an und ordne alles schnell erneut. Danach wirst du sofort griffbereit haben, was du brauchst.

### *Wartezeiten nutzen*

Nicht nur beim Kochen – auch in anderen Alltagssituationen finden sich immer wieder Zeitfenster, in denen man kurz die Hände frei hat, zum Beispiel während das Badewasser einläuft. Da kann man prima mal eben schnell die Toilette oder das Waschbecken sauber machen.

### *Routinen entwickeln*

Dranbleiben ist das A und O. Mit Saubermach-Routinegriffen herrscht immer Ordnung. Und du musst nicht alles auf einmal machen! Achte nur besonders zu Anfang darauf, die neue Gewohnheit nicht einreißen zu lassen. Bleib am Ball! Wenn die Routine selbstverständlich geworden ist, kannst du ab und zu auch mal fünfe gerade sein lassen.

### *Fixe Tage für bestimmte Aufgaben*

Mein *#saubersamstag* ist der feste Tag in der Woche, an dem ich mehr putze und aufräume als an anderen Tagen. Du kannst die anfallenden Putz- und Saubermach-Handgriffe aber auch über die Woche verteilen, sodass du jeden Tag etwa gleich viel erledigst. Lege dir dabei für jeden Tag eine bestimmte Aufgabe fest. Es wird dann leichter und schneller zur Routine.

### *Die 20-Minuten-Regel*

Der beste Kompass überhaupt! Kriegst du deine Wohnung innerhalb von 20 Minuten besuchsfein hin? Wenn ja, hast du eine gute Grundordnung. Brauchst du länger, überlege dir, wie du noch den einen oder anderen Handgriff regelmäßig in den Alltag einbauen kannst.

## 05 / DIE SACHE MIT DEN TO-DO-LISTEN

Viele Ratgeber zum Thema Aufräumen weisen darauf hin, wie hilfreich To-do-Listen seien. Bis zu einem gewissen Grad gehe ich da auch mit. Eine Liste zu erstellen, welche Aufgaben man den Tag über wegschaffen möchte, ist eine gute Sache. Man sieht auf einen Blick, was zu tun ist. Und das Gefühl, eines nach dem anderen abhaken zu können, ist super! To-do-Listen helfen dabei, sich nicht zu verzetteln und nichts Wichtiges zu vergessen. Mental sind sie auch spitze: Man muss nicht ständig alles gleichzeitig im Kopf haben. Manche Ratgeberbücher bieten sogar vorgefertigte Listen mit täglichen, wöchentlichen, monatlichen und jährlichen To-dos für den Haushalt an. Wenn das etwas für dich ist, kannst du im Internet unter „Putzplan" nachschauen. Da findest du viele Vorlagen für Listen zum Ausdrucken. Aber natürlich kannst du solche Listen auch selber erstellen.

**»ICH HABE IMMER EIN NOTIZBUCH DABEI, IN DAS ICH TO-DOS UND ANDERES WICHTIGE HINEINSCHREIBE. ICH BIN MEHR DER ANALOGE TYP. NATÜRLICH GIBT ES AUCH DIGITALE LISTEN UND ORGANISATIONS-APPS!«**

Mir persönlich geht es mit To-do-Listen nicht so gut. Ich neige dazu, zu viel auf die Liste zu setzen und mir mehr vorzunehmen, als ich schaffen kann. Am Ende des Tages bin ich enttäuscht. Eine Zeit lang habe ich versucht, zehn verschiedene To-do-Listen für unterschiedliche Lebensbereiche aufzuschreiben (Job, Haushalt etc.). Auf jede Liste setzte ich zehn To-dos. Doch leider klappte es nicht! Es überforderte mich. Ich fühlte mich keinen Deut besser organisiert. Und es war unmöglich, hinterherzukommen.

Dann habe ich für mich doch noch einen Weg gefunden, wie es funktioniert: Alles, was ich sofort erledigen kann, kommt gar nicht mehr auf die Liste. Sofort gemacht ist kein To-do mehr! Die paar Minuten Zeit habe ich immer. Wenn ich kann, beantworte ich zum Beispiel E-Mails sofort. Dann ist die Sache aus dem Kopf und ich kann mich wieder anderen Dingen zuwenden. Manchmal fange ich auch mit der To-do-Liste an – und lege den Stift weg, um direkt zu erledigen, was ich eigentlich gerade aufschreiben wollte.

Was gar nicht gut ist: auf To-do-Listen länger Dinge stehen zu lassen, die noch nicht abgehakt sind. Das belastet, weil es ständig im Kopf herumgeistert. Wenn du Unabgehaktes siehst, gehe das Unerledigte gleich an. Dann musst du die Sache nicht mehr auf die nächste To-do-Liste setzen!

To-do-Listen sind gut, um Dinge, die man im Moment nicht erledigen kann, aus dem Kopf zu bekommen. Und sie nicht zu vergessen! Zu voll aber sollte die Liste nicht sein. Auch hier gilt wieder das Zauberwort: Prioritäten setzen. Und sich vom Wichtigen zum weniger Wichtigen vorarbeiten.

## 06 / 10 HELFERLEIN, DIE ZEIT SPAREN UND DAS PUTZEN ERLEICHTERN

Mein Tipp: Benutze nur Geräte, die du wirklich magst. Dann nimmst du sie gerne zur Hand. Je weniger Spaß ein Haushaltsjob macht, desto wichtiger ist gutes Zubehör. Ich hasse zum Beispiel Saugen. Aber seitdem wir einen akkubetriebenen Staubsauger haben, nehme ich ihn wesentlich öfter in die Hand als das klobige alte Teil mit Kabel. Auf der nächsten Seite findest du meine Top Ten der Haushaltshelferlein.

— **SOCKENKLAMMERN:** Kein Sortieren von Socken vor und nach dem Waschen mehr!

— **EIN ZWEITER WÄSCHESTÄNDER:** Spart Zeit, weil du nicht warten musst, bis die Wäsche trocken ist, bevor du eine zweite Maschine anwerfen kannst.

— **HANDSTAUBSAUGER:** Damit lassen sich schnell mal Krümel, Straßensplitter, Spielplatzsand oder dergleichen wegsaugen, ohne gleich den großen Staubsauger herausholen zu müssen.

— **WÄSCHEKORB MIT KAMMERN** zum Wäschesortieren: Mein Wäschekorb hat drei Kammern. Eine für dunkle 40-Grad-Wäsche, eine für helle 40-Grad-Wäsche und eine für 30 Grad. Solche Sachen wasche ich am häufigsten. Alles ist schon vorsortiert und kann direkt vom Wäschekorb in die Maschine – ich sehe ja sofort, ob ein Korb voll ist!

— **GLASTÜCHER:** Fusselfreie Glasreinigungstücher aus Mikrofaser sind meine Allzweckwaffe! Mit so einem Tuch kannst du nicht nur Fensterscheiben und Spiegel ruckzuck sauber kriegen. Auch Kalkflecken (z. B. an Fliesen, Kacheln, Duschwänden) sind damit schnell entfernt und Armaturen in Windeseile blitzblank poliert. Ganz ohne zusätzliche Putzmittel!

— **STAUBSAUGER-ROBOTER:** Sehr sinnvoll für Tierbesitzer! Sonst müsste man wegen der Tierhaare jeden Tag saugen. Stattdessen macht der Roboter das. Die Ecken, die er auslässt, kannst du schnell mit dem Handstaubsauger reinigen.

— **KALKFÄNGER:** Ein kleiner runder Schwamm aus Edelstahl. Man legt ihn in den Wasserkocher. Er verlangsamt das allmähliche Verkalken des Kochers. Du musst also seltener entkalken und sparst somit Zeit.

— **STEAMER** für Wäsche und Steamer zum Bodenreinigen: Ich benutze schon länger einen Steamer zum Glätten der Bügelwäsche. Ich habe ja nicht viel, was gebügelt werden muss, deshalb reicht ein kleiner Reisesteamer. Der ist ruckzuck aufgeheizt und einsatzbereit. Den Bodenreiniger habe ich neu für mich entdeckt: Damit geht das Bodensäubern viel schneller und einfacher als mit einem Mopp.

— **AKKUSTAUBSAUGER:** Der ist einfacher zu handhaben als ein Modell mit Kabel. Die Hürde, ihn rauszuholen, ist auch nicht so groß. Man muss nichts mehr in die Steckdose einstöpseln und wieder ausstöpseln. Bei vielen Modellen lässt sich das hintere Teil abnehmen – so hat man gleich auch noch einen Handstaubsauger!

— **FENSTERSAUGER:** Diesen Tipp bekomme ich ganz häufig aus meiner Community. Viele schwören darauf! Ich selbst habe aber noch keinen. Vielleicht werden meine Fenster deshalb so selten geputzt?!

## 07 / NACHHALTIG PUTZEN

Auch beim Putzen achte ich darauf, die Umwelt möglichst wenig zu belasten. Ich kaufe zum Beispiel nur ökologische Putzmittel. Da gibt es inzwischen in jedem Drogerie- und Biosupermarkt eine Riesenauswahl unterschiedlicher Hersteller. Meiner Ansicht nach sind das sehr praktikable Alternativen zu den Chemiekeulen, die sonst noch so im Regal stehen. Oft gibt es auch Nachfüllpackungen. Super! Das spart Plastik, weil man nicht jedes Mal eine neue Flasche, sondern nur den dünneren Nachfüllbeutel kauft. Herkömmliche Putzmittel kommen mir oft recht aggressiv in der Wirkung vor. Sie enthalten teilweise Chlor oder andere chemische Substanzen. Das ist für mein Dafürhalten zu viel des Guten. Aggressive Reiniger helfen gegen Viren meiner Meinung nach auch nicht besser als Seife. Ich glaube, auf viele Putzmittel lässt sich der Umwelt zuliebe besser verzichten.

Paradoxerweise liebe ich aber den Geruch von Chlor. Er weckt bei mir positive Assoziationen. Ich bin schon immer gerne ins Schwimmbad gegangen. Daher kommt wohl das gute Gefühl, wenn ich Chlor rieche. Außerdem muss ich dann immer an die Länder am Mittelmeer denken. Dort wird ja traditionell immer noch begeistert mit chlorhaltigen Mitteln geputzt und gefeudelt. Häufig riecht auch das Wasser aus der Dusche in südlichen Ländern leicht nach Chlor. Trotzdem: Ich verzichte darauf und putze nicht mit chlorhaltigen Mitteln.

Richtig trendy ist es zurzeit, Putzmittel selber zu machen. Man spart damit noch mehr Müll. Von allen Rezepturen, die ich bisher so ausprobiert habe, hat nur mein selbst gemachtes Waschmittel nicht funktioniert. Es war eine Version mit Kernseife. Überzeugt war ich davon nicht unbedingt. Vielleicht habt ihr andere Erfahrungen gemacht? Viele schwören auch auf Kastanien. Allerdings ist der Aufwand, im Herbst einen Jahresvorrat zusammenzuklauben und daheim zu trocknen, doch recht hoch.

Für die meisten probaten Haushaltsreiniger muss man aber gar nicht selber in der Küche stehen und sich etwas zusammenbrauen. Bewährt haben sich für mich:

***Essigessenz***

Ich verdünne Essigessenz im Verhältnis 1:10 mit Wasser, z. B. in einer Sprühflasche. Der Geruch ist anfangs intensiv, verfliegt aber nach einer Weile. Durch die Zugabe einiger Tropfen ätherischen Öls (Eisenkraut, Zitrone, Orange, Lavendel) wird er etwas neutralisiert. Mit dieser Mischung lässt sich der Boden optimal sauber wischen. Auch für Fenster ist sie perfekt (dann allerdings ohne ätherisches Öl). Essigessenz mit Wasser ist überhaupt ein guter Allesreiniger. Nur Vorsicht bei Naturstein, Silikon oder Armaturen: Dafür verwende ich lieber ein sanfteres Mittel mit Zitronensäure.

***Waschsoda***

Benutze ich als Toilettenreiniger. Einfach einen Esslöffel in die Toilette geben, mit der Bürste verteilen, einwirken lassen und spülen. Auch als Scheuerpulver gut geeignet. Insbesondere gegen Fett und Verkrustungen (z. B. wenn etwas am Topfboden anbrennt). Hilft auch bei vergilbtem Kunststoff, zum Beispiel Fensterrahmen.

***Natron***

Prima gegen Kalkflecken. Bringt auch das Spülbecken und jede Art von Keramik (z. B. Fliesen) zum Glänzen. Einfach auf einen Lappen geben oder auf die zu reinigende Fläche streuen, etwas Wasser daraufsprenkeln, kurz einwirken lassen und dann abwischen. Mit reichlich Wasser nachspülen oder wischen, sonst bleiben Rückstände. Ich benutze Natron gern, um Kalkränder mit einer alten Zahnbürste zu entfernen. Mit Essig vermischt, ist Natron ein super Fugenreiniger. Eignet sich auch für empfindliche Flächen und Textilien.

*Zitronensäure*

Das ist die mildere kleine Schwester des Essigs. Sie ist ebenso vielseitig einsetzbar, aber besser geeignet für empfindliche Oberflächen. Sehr gut auch zum Entkalken von Wasserkochern, Glasvasen oder Armaturen.

Mit diesen Mitteln kommst du schon ziemlich weit, ohne die Umwelt zu belasten. Auch das gute alte Spülmittel ist ein super Allrounder. Ich verwende ein biologisch abbaubares aus dem Unverpacktladen. Damit putze ich so gut wie alles!

Hier zeige ich dir ein paar einfache Mischungen zum Selbermachen, die sich für bestimmte Zwecke im Haushalt sehr bewährt haben.

## ROHRFREI

—

*Obwohl wir ein Sieb benutzen, ist der Abfluss bei uns in der Wohnung regelmäßig verstopft. Da hilft diese Herangehensweise:*

**DU BRAUCHST:**

*3 EL Soda — ½ Tasse Essigessenz — 2 EL Spülmittel*

**SO GEHT'S:**

*Streue 3 EL Soda in den Abfluss und schütte ½ Tasse Essigessenz hinterher. Das macht ein zischendes Geräusch. Sobald sich das gelegt hat, kochst du in einem Topf das Spülmittel mit viel Wasser auf und gießt es in den Abfluss. Sollte das Wasser danach noch nicht perfekt abfließen, kannst du mit einer Ausgussreiniger-Pumpe nachhelfen. (Solltest du häufig hartnäckigere Probleme mit dem Abfluss haben, versuche es einmal mit einer Spirale. Die bekommst du im Baumarkt.)*

## BADREINIGER

—

**DU BRAUCHST:**

*½ l Wasser — 2 TL Natron — 2 TL Spülmittel*

*15 Tropfen ätherisches Öl (optional)*

**SO GEHT'S:**

*Alle Zutaten in eine Sprühflasche geben und gut schütteln.*
*Einfach auf die zu reinigenden Flächen sprühen und abwischen.*

## WC-REINIGER

—

**DU BRAUCHST:**

*1 Tasse destilliertes Wasser — ½ Tasse Natron*

*½ Tasse Spülmittel (biologisch abbaubar)*

**SO GEHT'S:**

*Alle Zutaten in eine Sprühflasche geben und gut durchschütteln.*
*Die Mischung in die Toilettenschüssel sprühen, 15 Minuten einwirken lassen und mit der Bürste schrubben.*

## 09 / WARUM DU AUCH MAL FÜNFE GERADE SEIN LASSEN KANNST

Obwohl ich diesen Aufräum-Ratgeber für dich geschrieben habe, möchte ich nicht dafür plädieren, dass Aufräumen und Putzen unser ganzes Leben bestimmen soll. Vielmehr geht es mir darum, dass du und wir alle uns die immer wieder anfallenden Aufgaben im Haushalt so weit erleichtern, dass wir locker und entspannt damit umgehen können. Mit weniger Zeitaufwand als bisher. Und mit dem wunderbaren Gefühl, immer eine aufgeräumte, saubere Wohnung zu haben!

„Aufgeräumt und sauber" heißt aber nicht, dass man vom Boden essen können muss. Wie du an der Schilderung meiner Erfahrungen mit dem Zone Cleaning gesehen hast, kann die permanente Beschäftigung mit Haushalt, Putzen und Aufräumen und der Wunsch, das alles zu perfektionieren, dazu führen, dass man tatsächlich permanent putzt und aufräumt – und trotzdem ständig unzufrieden ist, weil man seinen eigenen Ansprüchen nicht gerecht wird. So ging es auch mir am Anfang und so habe ich irgendwann damit begonnen, die Sache ein bisschen herunterzuschrauben. Ich regte mich nicht mehr jedes Mal über herumliegende Dinge auf, sondern sagte mir einfach: „Das wird bestimmt noch im Laufe des Tages weggeräumt." Mit dieser inneren Einstellung wurde alles entspannter. Dadurch, dass ich lockerer wurde, gab es auch weniger Auseinandersetzungen über den Haushalt. Und ich hatte mehr Zeit für meinen Freund und meine Tochter.

Inzwischen erledige ich jeden Tag das, was ich am wichtigsten finde. Dafür habe ich meine Routinen entwickelt. Seitdem ich nicht mehr ständig an Richard herummeckere und ihn mehr sein Ding machen lasse, zieht auch er eher mit. Jedenfalls kommt es mir so vor.

Das ist jetzt kein Plädoyer für Chaos! Sondern vielmehr ein Denkanstoß, dass man auch hier sein eigenes Maß finden und Prioritäten setzen muss. Wenn du in deiner Wohnung gründlich entrümpelt und deine Sachen in einem für dich funktionierenden System geordnet und die nötigen Routinen dafür entwickelt hast, bekommst du im Gegenzug dafür eine permanente Grundordnung und Grundsauberkeit. Mehr noch: Gerade dadurch kannst du dann auch mal ganz entspannt alle fünfe gerade sein lassen! Etwa weil du, statt das Bad zu putzen oder die Wäsche zu bügeln, lieber mal mit deinen Kindern ins Schwimmbad oder mit deinem Mann oder deiner Frau essen gehen möchtest. Dafür wirst du am nächsten Tag deine Routine wieder mit Freude und Elan aufnehmen. Es ist okay, nicht perfekt zu sein. Es ist auch okay, nicht immer eine instagramtaugliche Wohnung zu haben. Die hat nämlich niemand!

***Alles eine Frage von Maß und Balance***

Wenn du noch ganz am Anfang stehst mit deiner neuen Routine, übe einige Wochen, bis sie wirklich sitzt. Du bekommst dadurch ein gutes Gespür dafür, wie du eine gute Grund-

ordnung wuppen kannst, ohne ein Putzfreak zu werden. Wie alles im Leben ist auch das eine Frage von Maß und Balance. Finde für dich selbst heraus, wie ordentlich du deine Umgebung haben möchtest, damit du dich wohlfühlen kannst. Und lege dann für dich fest, welchen Aufwand du dafür investieren musst.

Wenn du hingegen mit Perfektionsanspruch an die Dinge herangehst, wirst du entweder nie anfangen oder nie fertig werden. Das gilt fürs Ausmisten und Putzen wie für die Job- und Partnersuche und jeden kreativen Prozess. Perfektion gibt es nicht. Also brauchen wir nicht danach zu suchen und zu streben. Ich habe dabei die Worte einer Bekannten im Ohr, die einmal zu mir sagte: „Lieber nicht perfekt gestartet, als perfekt gewartet!" Das ist wahr! Wäre ich mit Perfektionsanspruch an all meine Vorhaben herangegangen, läge ich wahrscheinlich seit 15 Jahren auf der Couch und würde eine trashige Realityshow nach der anderen schauen. Wenn ich mir meine ersten YouTube-Videos ansehe, schlage ich teilweise die Hände überm Kopf zusammen. Mein Instagram-Account ist seit Jahren nicht so, wie ich ihn eigentlich gerne hätte. Ich wollte, er wäre clean und perfekt, mit allen Fotos im gleichen Look, einer klar definierten Farbwelt und so weiter. Ich kriege es nicht hin! Mir fehlt die Zeit, mir fehlt das Wissen, und andere Dinge haben zu oft Priorität, als dass ich das ändern könnte. Trotzdem mache ich weiter damit und warte nicht auf den Zeitpunkt, bis ich endlich mehr Zeit habe, ihn aufzupolieren. Ich arbeite trotzdem an meinem Content, und viele Leute mögen ihn. Es ist nicht so wichtig, ob etwas perfekt ist. Es ist wichtig, dass man es einfach macht.

»DAS WICHTIGSTE IST,
DASS MAN ETWAS TUT UND KEINE ANGST
VORM SCHEITERN HAT.«

Du musst dir nicht vornehmen, dass deine Wohnung nach dem großen Aufräumen aussehen sollte wie aus einem Hochglanz-Magazin. Fang an und schau, wo es dich hinführt. Falls du denkst, bei deinem Ausmiste- und Aufräumprojekt kommst du sowieso nie dahin, wo du hinwillst, weil deine Familie nicht mitzieht, deine Wohnung zu klein ist oder deine Möbel zu alt sind – fang trotzdem an! Du wirst überrascht sein, was sich dadurch alles bewegt.

## 10 / ORDNUNG SCHAFFEN NACH MARIE KONDO – FAZIT MEINES SELBSTVERSUCHS

Nun möchte ich dir abschließend noch ein bisschen weiter davon erzählen, wie es mir mit Marie Kondos Ratschlägen erging. Ehrlich gesagt: Im zweiten Band von „Magic Cleaning" finden sich recht viele Wiederholungen. Aber ich finde, das hat auch sein Gutes, denn Marie fasst darin ihre Methode nochmals bündig zusammen. Hauptsächlich geht es bei ihr ja um die Frage, wie Wohnung und Seele gleichermaßen aufgeräumt bleiben. Und das mit ganz konkreten Anleitungen, wie sich die Dinge des täglichen Lebens effektiv verstauen und ordnen lassen. Ich würde dieses Prinzip daher so zusammenfassen:

*Deine Wohnung bleibt immer aufgeräumt, wenn du nur noch Lieblingsstücke besitzt, diese einen festen Ort bekommen und auch immer wieder dorthin zurückgelegt werden.*

Was ich nach der Lektüre von Marie Kondos Büchern wirklich verinnerlicht habe und seither versuche, konsequent umzusetzen, ist ihre so einfache wie einleuchtende Quintessenz: Der Anblick jedes Winkels in unserer Wohnung, der Blick in jede Schublade und hinter jede Schranktür sollte uns glücklich machen! Bevor ich Maries Bücher kannte, dachte ich eigentlich, dass die Ordnung in meinen Schränken (bis auf ein paar Ausnahmen) schon ganz okay sei. Inspiriert von ihren Ausführungen, schaute ich mir die Sache dann noch mal etwas genauer an. Und stellte fest: Da ist noch viel Luft nach oben! Daraufhin machte ich mich ans Werk, baute das Regal für die Vorratsgläser und brachte mit kleinen Gläsern von einheitlicher Größe und Form endlich auch Ordnung in meine Gewürzschublade. Und was soll ich sagen!? Es macht einen enormen Unterschied! Seither gebe ich mir überdies Mühe, meinen Kleiderschrank immer schön zu ordnen und die Kleidung meiner Tochter ordentlich einzuräumen. Jedes Mal, wenn ich meine Schränke und Schubladen öffne, geht mir jetzt das Herz auf.

### *Vorbild Bento-Box*

Vielleicht klingt das für dich ein wenig übertrieben oder auch etwas banal, aber ich lege dir ans Herz, es mal auszuprobieren. Ich verspreche dir, du wirst einen Unterschied merken! Marie nennt ihre Methode, Schubladen zu ordnen, „Bento-Technik". In Bento-Boxen wird in Japan Essen serviert. Sie sind in Rechtecke aufgeteilt. Darin werden die Speisen getrennt voneinander serviert, was sehr appetitlich und, ja, aufgeräumt wirkt. Das Bento-Box-Prinzip überträgt Marie auf das Ordnen von Schubladen – und sogar auf die Aufteilung der ganzen Wohnung. Der Inhalt von Schubladen sollte so organisiert werden, dass alles nach Material getrennt, schön anzusehen und passgenau gefaltet und zusammengelegt ist.

Bekanntermaßen schlägt Marie immer wieder Brücken zwischen ihrem Ordnungsprinzip und der chinesischen Lehre der Energieströme. Ein interessanter Ansatz, dennoch habe ich meine Sachen nicht nach diesen Kriterien geordnet. Und bei ihrem Vorschlag, einen Schrank, den Frau und Mann gemeinsam benutzen, so aufzuteilen, dass die Dinge des Mannes oben und die Dinge der Frau unten einsortiert werden, um die gesellschaftliche Stellung der Geschlechter zu repräsentieren, rebelliert mein Feministinnen-Herz. Dennoch haben mir viele Frauen meiner Community geschrieben, sie würden es exakt so handhaben. Aus praktischen Gründen: In den meisten Fällen sei ihr Partner einfach größer und käme dadurch an die oberen Fächer leichter heran.

***Die Seele der Dinge***

Marie Kondo ist der Ansicht, dass eine ruhige Atmosphäre entsteht, wenn man ähnliche Dinge zusammen aufbewahrt, zum Beispiel Elektrotechnik, Textilien, alles, was mit Finanzen zu tun hat, und so weiter. Sie empfiehlt auch, Lieblingsteile unbedingt sichtbar zu präsentieren und auf keinen Fall in Kartons oder Schubladen verschwinden zu lassen. Ich habe das als Anreiz genommen, ein Stapelspiel, das ich für meine Tochter gebastelt habe, jeden Abend auf einem Regalbrett im Bad anzuordnen. Es zu stapeln und mir dann das Ergebnis anzusehen, macht mich glücklich, auch, dass meine Tochter es am nächsten Morgen gleich voller Freude wieder umschmeißt. So kommt das Spiel jeden Tag zum Einsatz. Schön!

Mit vielen Ansätzen Marie Kondos kann ich mich identifizieren. Ich finde sie einleuchtend, bin aber weit davon entfernt, einen perfekten Marie-Kondo-Haushalt zu führen. Wahrscheinlich werde ich das auch nie. Doch ihre Art zu denken und auch ihre spirituellen Überlegungen finde ich spannend und inspirierend. Andererseits sehe ich auch den Einfluss der japanischen Kultur und Tradition in ihren Vorschlägen. Einige ihrer Tipps beziehen sich auf japanische Wohnungen, in denen sich offenbar standardmäßig ein Einbauschrank befindet. Und doch lassen sich viele ihrer Anregungen auf unsere westliche Lebensweise übertragen. Nach der Lektüre ihres Buchs hat sich jedenfalls mein Wunsch nach einem Einbauschrank noch verstärkt. Ich halte so einen Schrank für die einfachste, ordentlichste und optimal platzsparende Möglichkeit, Dinge zu verstauen. Auch Maries Haltung, den Dingen unseres täglichen Lebens Wertschätzung entgegenzubringen, halte ich für nachahmenswert.

Ich kann nachvollziehen, warum sie der Ansicht ist, Dinge hätten eine Seele und in mancher Hinsicht sogar eine herausragende Bedeutung. Sie behandelt das Portemonnaie bewusst mit Bedacht, weil es für Reichtum steht, BHs ebenso, weil wir sie am Herzen tragen, und auch das Besteck, weil wir es in den Mund nehmen. Wenn du eine Ader für Spiritualität hast oder überhaupt das Gefühl, diese Haltung könnte etwas für dich sein, möchte ich dir ans Herz legen, Marie Kondos Bücher zu lesen. Und wenn du mich nach dem ultimativen Tipp fragst, den ich aus der Lektüre ihrer Bücher mitgenommen habe, dann bleibe ich bei dem, was ich bereits betont habe: Auch das Innere deiner Schränke sollte dich stets glücklich machen!

# MEINE 5 TIPPS FÜR EIN AUFGERÄUMTES LEBEN UND NACHHALTIGEN KONSUM

—

**1** / *Kaufe nur Dinge, von denen du hundertprozentig überzeugt bist. Kommt auch nur der leiseste Zweifel auf, muss das Teil im Laden bleiben!*

**2** / *Schau dich auf Flohmärkten und in Secondhand-Läden um. Aber auch hier gilt Regel Nummer 1! Lass dich nicht von günstigen Preisen zu überflüssigem Kauf verleiten.*

**3** / *Achte auf Qualität. Kleidungstücke aus synthetischen Fasern zum Beispiel sind nicht günstig für die Umwelt. Sie lassen sich, genau wie Plastiktüten, nicht abbauen. Besser ist Kleidung aus Naturfasern.*

**4** / *Verlängere die Lebenszeit der Dinge, die du dir ins Haus holst – indem du nur Lieblingsteile erwirbst, die du ganz lange nutzen, tragen und gebrauchen möchtest.*

**5** / *Tausche mit Freundinnen und Freunden. „One in, one out" heißt das Prinzip. Damit schlägst du gleich zwei Fliegen mit einer Klappe. Jeder bekommt etwas Neues – und wird etwas los, was nicht mehr zum eigenen Lebensstil passt.*

KAPITEL 07

# SERVICE – TIPPS, ADRESSEN UND INSPIRATIONEN

## 01 / *FRAGEN AUS DER COMMUNITY*

Immer wieder befrage ich meine Community, welche speziellen Probleme sich rund ums Ausmisten, Ordnunghalten und Putzen ergeben. Fragen, die immer wieder auftauchen und dich vielleicht auch betreffen, möchte ich hier aufgreifen.

***Wie schafft man es, bei materialintensiven Hobbys wie Nähen, Basteln oder dergleichen nicht zu viel Zeug anzuhäufen?***
Das Problem kenne ich nur zu gut! Zum Glück habe ich eine Werkstatt, wo ich all die Materialen und Werkzeuge lagern kann. Nicht wenige von euch werden die Dinge aber zu Hause unterbringen müssen. Gut, wenn man dafür ein eigenes Zimmer hat. Das ist aber nicht immer der Fall. Deshalb ist es zunächst superwichtig, immer den Überblick zu behalten. Das schafft man, wenn man sich regelmäßig von Dingen trennt, die man nicht mehr benötigt. Bevor man ans Sortieren geht und sich ein Ordnungssystem überlegt, würde ich empfehlen, erst mal das ganze Material zu sichten. Manchmal hat man noch Sachen übrig, die man vor Jahren gekauft hat. Die entsprechen dann oft nicht mehr dem aktuellen Geschmack. Stoffe zum Beispiel. Als ich mit DIY begann, kaufte ich durchsichtige Christbaumkugeln, die man in der Mitte teilen kann. Die würde ich heute nicht mehr benutzen. Sie gefallen mir nicht mehr – und deswegen freut sich jetzt jemand anderes darüber!

Ich half mal einem Mann beim Ausmisten, der als Hobby kleine Figürchen aus Plastik bemalte. Er hatte Hunderte dieser kleinen selbst bemalten Figuren. Beim Sichten stellte er fest, dass er sich nur noch über jene Figürchen freute, bei denen seine

Maltechnik schon geübter war. Also trennte er sich von seinen Erstversuchen. So ist es im Grunde mit allen Basteleien. Wir müssen nicht alles aufheben, nur weil wir einmal Spaß dran hatten, es herzustellen. Wir haben uns in unseren Fähigkeiten und unserem Geschmack weiterentwickelt. Also können wir auch Platz für Neues schaffen! Und dann ist da noch das Werkzeug, das man nie oder nur höchst selten benutzt: Da kann man sich auch durchaus fragen, wie unentbehrlich ein solches Teil wirklich ist!

### *Was macht man mit Materialresten?*

Diese Frage taucht sehr häufig auf. Da muss ich mich oft selber an die Nase fassen: Bei mir sind es vor allem Holzreste. Andere wissen nicht, wohin mit all ihren Stoffresten. Ich selbst neige dazu, immer viel zu viel Holz aufzubewahren, weil ich denke, ich würde es irgendwann noch verarbeiten. Das typische Irgendwann-kommt-nie-Problem! Deshalb ein Rat, auf den ich mich selbst immer wieder besinnen muss: Frage dich ganz realistisch, ob der Materialrest noch eine Weiterverarbeitung hergibt oder nicht. Vielleicht ist der Materialrest zu gering, um daraus noch etwas Gescheites zu machen. Oder du hast aus einem bestimmten Stoff schon drei T-Shirts, zwei Kinderhosen und eine Schürze genäht und kannst das Muster eigentlich nicht mehr sehen. Dann weg damit!

Im Grunde gilt hier die gleiche Regel wie fürs Ausmisten generell: Überprüfe regelmäßig, was du aussortieren kannst, damit sich nicht endlos viel Zeug anhäuft.

### *Wie sortiere ich DIY-Materialien?*

Beim Sortieren empfiehlt sich eine ganz klare Richtlinie: Du musst wissen, wo was ist, damit du nicht unnötig Material und Zubehör neu kaufen musst. Das ist vor allem bei kleinteiligen Hobbys wichtig. Da helfen Schubladeneinsätze und kleinere durchsichtige Behälter ohne Deckel. Sie sorgen in den Schubladen für eine gute Übersicht und Ordnung. Ganz ehrlich: Ich glaube nicht an kreatives Chaos. Zumindest funktioniert es bei mir nicht. Meine kreativen Ideen sprudeln besser, wenn sie Platz und Ordnung kriegen, um sich zu entfalten, und wenn ich genau weiß, wo ich die Materialien finde, die ich brauche, um ein neues Projekt auszuprobieren.

Außerdem bremst es doch die Motivation, etwas zu gestalten, wenn man dafür erst mal Ordnung schaffen muss, um überhaupt den Platz dafür zu haben! Bei Hobbys, die viel Material erfordern, ist es das A und O, sich von Sachen zu trennen, die man dafür nicht mehr brauchen kann.

***Wie komme ich gegen das Chaos im Kinderzimmer an? Wir haben so viel Spielzeug, dass ich das Gefühl habe, es überfordert mein Kind.***

Wer meinen *#mamamontag* auf Instagram verfolgt, weiß, dass ich grundsätzlich der Meinung bin, dass zu viel Spielzeug Kindern eher schadet, als nützt. Und wer selber Kinder hat, war vielleicht auch schon an dem Punkt, sich zu fragen, warum man überhaupt Spielzeug braucht. Das gilt insbesondere für die ganz Kleinen! Bei älteren Kindern mag das anders sein. Ich glaube, dass es für Kinder wichtig ist, sich auch mal zu langweilen und nicht permanent bespaßt zu werden. Zu viel Spielzeug erschwert dem Kind die Entscheidung, mit welchen Dingen es gerade wirklich spielen möchte. Es stört auch die Aufmerksamkeit, weil es ja noch so viele andere interessante Dinge gibt, mit denen man spielen könnte – und die deshalb ablenkend wirken.

Für Kinder ist es schwer, eine Wertschätzung für einzelne Gegenstände und Geschenke zu entwickeln, wenn sie permanent mit Sachen überhäuft werden. Schau daher zunächst einmal, welches Spielzeug noch zum Alter deines Kindes passt und mit welchen Dingen es wirklich gerne spielt. Sollte dein Kind aus dem einen oder anderen Spielzeug herausgewachsen sein, kannst du es ruhig weitergeben. Und wenn dein Kind alt genug dafür ist, beziehe es ruhig in die Entscheidung mit ein. Oft stellt man dann fest, dass eigentlich wir Erwachsenen es sind, die an den Kinderspielsachen hängen – und nicht unbedingt das Kind!

Wenn dein Kind ein Geschenk bekommt, mit dem es noch nichts anfangen kann, verstaue das Teil einfach so lange unzugänglich, bis das Kleine im richtigen Alter ist. Wenn du viele Spielsachen hast, die zum Alter des Kindes passen, probiere doch mal das Rotationsprinzip aus: Räume einen Teil der Spielsachen weg und stelle den anderen Teil zum Spielen zur Verfügung. Nach einer festgelegten Zeitspanne, zum Beispiel zwei Wochen, tauschst du das Spielzeug aus. Du wirst sehen: Für dein Kind ist das bisher Weggeräumte plötzlich wie neu! So kannst du vermeiden, dass das Kleine von der Menge Spielsachen überfordert ist. Es ist eine tolle Möglichkeit, vorhandenes Spielzeug spannend zu halten und nicht ständig etwas Neues zu kaufen.

***Was tun? Wir kriegen immer so viele Spielsachen von Verwandten geschenkt!***

Wenn du zu viele Geschenke aus deinem Umfeld bekommst, kommuniziere ganz klar, dass du das nicht möchtest. Das ist oft schwer. Gerade die Großeltern deuten diesen Wunsch oft als falsche Bescheidenheit. Und sie möchten ihrem Enkelchen ja auch gern eine Freude machen! Bei uns kam es dadurch öfter vor, dass wir manche Sachen doppelt hatten. Ich glaube, so ergeht es vielen. Deshalb empfehle ich, die Sachen nach einer Weile zu verkaufen oder weiterzugeben. Die Kleinen wachsen so schnell, und wir können nicht alles aufheben!

***Wie halte ich Ordnung im Kinderzimmer?***

Damit im Kinderzimmer leicht Ordnung zu halten ist, schwöre ich auf Körbe als „Catch-alls". Da kannst du all das Spielzeug, mit dem aktuell gespielt wird, einfach hineinwerfen. Ruckzuck ist alles aufgeräumt! Ein weiterer Vorteil: Dein Kind kommt ganz leicht an seine Lieblingsspielsachen heran und kann sie sich selbst aus dem Korb holen. Für dich als Elternteil hat so ein Korb den Vorteil, dass du jederzeit selbst bestimmen kannst, welches und wie viel Spielzeug in dem Korb verfügbar ist. So kannst du dafür Sorge tragen, dass dein Kind mit der Auswahl nicht überfordert wird.

*Mit „Catch-alls" geht Ordnung ganz kinderleicht.*

## 02 / WOHIN MIT DEN AUSSORTIERTEN DINGEN?

Das große Aufräumen ist geschafft! Und wohin jetzt mit all den Dingen, die du aussortiert hast? Dafür habe ich dir im folgenden Tipps zusammengestellt. Und noch eine Empfehlung: Schau immer auch, was in deiner Umgebung, deiner Nachbarschaft an nachhaltigen Möglichkeiten geboten wird, um Sachen wegzugeben.

### *Kleidung online verkaufen*

— ***Zalando Wardrobe***

Hier kannst du deine Kleidung direkt an die Community verkaufen oder sie per Paket kostenlos an Zalando schicken. Dafür erhältst du im Gegenzug einen Gutschein. Allerdings sind die Kriterien sehr streng. Es kann passieren, dass du viele Artikel zurückbekommst oder sie gespendet werden. Das kannst du dir dann aussuchen.

— ***kleiderkreisel.de***

Eine sehr einfache Möglichkeit, deine Kleidung online zu verkaufen. Die Abwicklung ist aus meiner Erfahrung sehr entspannt. Die App eignet sich gut, wenn du nicht genügend Teile hast, um auf den Flohmarkt zu gehen, und wenn es dir nichts ausmacht, Kleidung per Post zu verschicken.

— ***momox-fashion.de***

Hier verkaufst du deine Kleidung nicht an Privatpersonen, sondern an das Unternehmen. Dieses verkauft sie dann in seinem Secondhand-Onlineshop *ubup.com* weiter. *momox-fashion.de* ist für dich vor allem dann geeignet, wenn du gut erhaltene Markenkleidung loswerden möchtest. Die Kriterien sind nämlich sehr streng. Zu jedem Artikel gibst du einige Details in eine Maske ein und erhältst dann einen Festpreis. Der Versand ist kostenlos.

### *Kleidung offline verkaufen*

— ***Flohmarkt***

In Berlin bin ich natürlich verwöhnt. Wir haben hier viele tolle Flohmärkte. Allerdings zeigt die Erfahrung, dass man auf dem Flohmarkt tendenziell weniger für seine

Kleidung erhält als online. Zumindest in Berlin hat man teilweise auch hohe Standmieten zu bezahlen. Und die muss man erst einmal erwirtschaften, damit man aus der Sache mit einem Plus rausgeht. Auf dem Flohmarkt zu verkaufen, lohnt sich aber, wenn du viele Kleidungsstücke hast, die du aufgrund der Menge insgesamt für einen niedrigen Preis abgeben kannst. Ein weiterer Vorteil ist, dass ein Tag auf dem Flohmarkt mit Freunden wirklich großen Spaß macht!

— ***Secondhand-Läden***

Je nachdem, welche Ausrichtung ein Secondhand-Laden hat, kann es dir passieren, dass es schwierig wird, deine Kleidung dort abzugeben, weil der Laden wählerisch ist. Auf der anderen Seite lohnt sich das Fragen, denn im Secondhand-Laden bekommst du eventuell mehr Geld als online oder auf dem Flohmarkt. Die Unterschiede im Sortiment von Secondhand-Läden sind teilweise sehr groß. Viele Läden nehmen deine Kleidung auch nur auf Kommission. Deine Stücke hängen dann für einen bestimmten Zeitraum im Laden, und du erhältst einen festgelegten Prozentsatz des Verkaufspreises, wenn ein Teil verkauft wird. Am Ende des abgesprochenen Zeitraumes bekommst du deinen finanziellen Anteil, musst die nicht verkauften Teile aber wieder mitnehmen.

***Kleidung offline spenden***

— ***HUMANA***

HUMANA Läden gibt es nur in einigen Städten in Deutschland. Falls du in einer dieser Städte wohnst, kannst du deine Kleidungsstücke dort direkt abgeben. Oder du gibst sie in einen Altkleidercontainer von HUMANA. Die Kleidung wird dann überprüft und gespendet oder weiterverkauft. Das Unternehmen unterstützt viele soziale Projekte.

— ***Oxfam***

In den größeren deutschen Städten gibt es mittlerweile 55 Oxfam-Läden. Je nach Laden nehmen sie nur Kleidung und Accessoires an oder auch Haushaltswaren, Bücher und Spielsachen. Die Erlöse aus den verkauften Sachen kommen der Nothilfe, den Entwicklungsprojekten sowie der Kampagnenarbeit von Oxfam Deutschland e.V. zugute.

— ***Altkleidercontainer***

Altkleidercontainer werden von verschiedenen Initiativen aufgestellt. Du solltest unbedingt prüfen, ob diese authentisch und seriös sind. Seriöse Container erkennst du daran, dass darauf eine vollständige deutsche Adresse und Telefonnummer angegeben ist. Du kannst dich auch im Internet informieren. Die Siegel „FAIRwertung", „DZI Spendensiegel" und „BVSE Qualitätssiegel Textilsammlung" geben dir die Sicherheit, dass deine Kleidung für einen guten Zweck weiterverwendet wird.

— ***Sozialkaufhäuser***

In vielen größeren und kleineren Städten gibt es Sozialläden, in denen man für sehr wenig Geld oder sogar umsonst gebrauchte Dinge finden kann. Hier kannst du neben Kleidung auch andere Sachspenden abgeben.

***Kleidung online spenden***

— *packmee.de*

Hier kannst du Kleidung, Bettwäsche und Kuscheltiere spenden. Dafür erhältst du einen Gutschein von einem der packmee.de-Partner. Der Erlös der Spende geht an die gemeinnützige Organisation „Save The Children". Der Versand ist kostenlos.

— ***kleiderstiftung.de***

Bei der „Deutschen Kleiderstiftung" kannst du auch paketweise spenden. Informiere dich vorher auf der Website, was gerade angenommen wird. Es kann vorkommen, dass es einen Annahmestopp gibt. Dann musst du etwas warten, bis du spenden kannst. Die gespendete Kleidung wird für humanitäre Hilfe weitergegeben. Der Versand ist kostenlos.

***Bücher und Elektronik online verkaufen***

— momox.de

Hier kannst du Bücher oder andere Medien scannen oder den ISBN-Code eingeben und erhältst dann dafür einen Festpreis. Der ist oft niedrig. Es lohnt sich also eher, wenn du eine größere Menge Bücher verkaufen möchtest und es dir nicht weh tut, die Dinge für geringes Entgelt wegzugeben. Was das Unternehmen von dir kauft, wird weiterverkauft. Der Versand ist kostenlos.

— ***reBuy.de***

Funktioniert ähnlich wie momox.de. Hier kannst du auch gebrauchte Elektronik verkaufen. Der Versand ist nur bei einem Auftrag ab 10 Euro kostenlos.

***Möbel und Wohnaccessoires verkaufen, spenden und entsorgen***

— ***Sozialkaufhaus***

Hier kannst du vor allem Wohnaccessoires, Geschirr und Möbel spenden.

— ***Trödelladen***

Wenn du besondere Möbel oder Wohnaccessoires hast, kannst du versuchen, sie im Trödelladen anzubieten. Rechne aber damit, dass du einen wesentlich geringeren Preis erhältst als den, zu dem das Teil weiterverkauft wird.

— ***Wertstoffhof***

Wenn ein Stück kaputt oder beschädigt ist und nicht mehr dazu taugt, verkauft oder verschenkt zu werden, kannst du es zum Wertstoffhof bringen. Dort wird es fachgerecht entsorgt.

— ***Sperrmüll***

Ich bin ein großer Fan von Sperrmüll. Da kann man oft Schätze finden. Auch ist die Chance groß, dass deine abgelegten Gegenstände wiederum einen Besitzer finden, der sie wertschätzt. Einfluss hast du allerdings nicht darauf! Die Sperrmüll-Termine deiner Stadt findest du online.

— ***Entrümpelungsdienst***

Falls du von der Menge an Möbeln und Dingen, die du loswerden möchtest, überfordert bist, weil du nicht weißt, wohin damit oder wie du sie abtransportieren sollst, kannst du den Entrümpelungsdienst rufen. Dann musst du allerdings dafür bezahlen, dass deine Sachen entsorgt werden. Auch hast du keinen Einfluss darauf, was mit den Dingen passiert.

Diese Liste erhebt natürlich keinen Anspruch auf Vollständigkeit. Sicher ist sie aber eine Orientierungshilfe.

NACHWORT

# UND SO GEHT'S WEITER!

Super! Du hast es geschafft! Dass du bis hierher gekommen bist, ist ein Kompliment an dich und deine Willenskraft! Es zeigt, wie motiviert du bist, dein Leben leichter zu gestalten und manches loszulassen, was dich belastet. Danke für dein Vertrauen! Ich habe dir aus vollem Herzen all die Tipps gegeben und Dinge verraten, mit denen ich selbst bisher gut gefahren bin und von denen ich aus Erfahrung weiß, dass sie auch schon anderen sehr geholfen haben.

Wenn du jetzt gleich loslegst und beginnst, deine Wohnung und vielleicht sogar ein bisschen auch dein Leben neu zu sortieren und aufzuräumen, dann kannst du dich auf dein Bauchgefühl als inneren Kompass verlassen: Entwickele die Routinen, die zu dir passen, die für dich funktionieren und mit denen du dich wohlfühlst. Kein Stress! Auch Routinen sind nicht in Stein gemeißelt und sie werden sich mit der Zeit genauso mit dir verändern und weiterentwickeln wie alles andere im Leben auch.

Und sollte doch mal etwas einreißen: einfach die Augen offenhalten und überlegen, wo hakt es vielleicht noch? Wo könntest du noch was im Alltag, im Haushalt verändern, damit du die Dinge besser und entspannter im Griff hast? Und solltest du zwischendrin mal das Gefühl haben, nicht so mit dem Aufräumen und Ausmisten voranzukommen, wie du dir das am Anfang vorgestellt hast – no worries! Wieder rauf aufs Pferd, die Zügel wieder in die Hand nehmen – und niemals vergessen: Sei nicht zu streng mit dir. Du darfst dich ruhig auch mal so richtig über all die Dinge und Erfolge freuen, die du bisher schon geschafft hast!

Und zum Schluss noch ein Geheimnis: Ich bin selbst auch längst nicht perfekt in all diesen Dingen! Deshalb freue ich mich immer wieder über Tipps von dir, von euch, von meiner Community. Wenn dir das Buch gefällt und du mit diesen Erfahrungen etwas anfangen kannst: Gib die Begeisterung über dein neues leichteres Leben an andere weiter! Gemeinsam schaffen wir das: ein aufgeräumtes Leben führen!

## DANKESCHÖN!

Danke sagen: ganz wichtig für ein aufgeräumtes Leben! Deshalb hier mein dickes Dankeschön an alle, die mich unterstützt haben. Ganz besonders an:

— Richard, meinen zukünftigen Ehemann, der jeden Quatsch mitmacht, immer alles super findet, was ich in unserer Wohnung veranstalte – und ohne den ich dieses Buch nicht hätte schreiben können! Lieber Richard: Du bist das beste Beispiel dafür, dass man sich von der Aufräumidee anstecken lassen und mit Begeisterung vieles loslassen kann – auch wenn man der typische „Das-brauche-ich-vielleicht-noch-irgendwann"-Typ ist!
— Meine Instagram- und YouTube-Community, die mich jetzt schon fast fünf Jahre treu begleitet. Ich bin froh und dankbar, dass auf meinen Kanälen so eine positive, wohlwollende Atmosphäre herrscht. Und dass wir uns gegenseitig so hilfreiche Tipps geben. Auch dass ich sagen und zeigen kann, dass ich nicht perfekt bin, dass ich auch Fehler mache. Viele von euch sind in manchen Punkten schon viel weiter als ich. Ich finde den Austausch mit euch sehr wertvoll und freue mich über jeden und jede, die Teil dieser Community ist!
— Marie Kondo, die mich dazu inspiriert hat, mich überhaupt mit diesem Thema zu beschäftigen. Liebe Marie: Du hast mich mit deiner Methode auf einen neuen Pfad geführt!
— Die tollen Büchermenschen vom ZS Verlag, die dieses Buch überhaupt ermöglicht haben und hinter meiner Idee stehen. Und meine Lektorin Katja Mutschelknaus, die dafür gesorgt hat, dass meine Worte auch von jedem verstanden werden.
— Meine Agentin Kati Langenkämper, die mich und den Verlag zusammengebracht hat – und, nachdem wir uns erst ein paar Wochen kannten, schon der Meinung war, ich solle ein Buch schreiben.
— Dich und alle wunderbaren Menschen, die dieses Buch gekauft haben. Ich freue mich wahnsinnig, dass euch das Thema interessiert, und hoffe, ihr könnt alle viel Hilfreiches daraus mitnehmen.

## REGISTER

# IMPRESSUM


Kaiserstraße 14 b
D-80801 München

ISBN 978-3-96584-095-9
1. Auflage 2021

Projektleitung: Kathrin Mayr
Texte: Jelena Weber, Katja Mutschelknaus
Lektorat: Katja Mutschelknaus
Cover, grafische Gestaltung, Satz: Geela Eden
Fotografie: Richard Brzozowski
Illustrationen: shutterstock
Herstellung: Frank Jansen
Producing: Jan Russok
Druck und Bindung: optimal media GmbH, Röbel

Die ZS Verlag GmbH ist ein Unternehmen der Edel SE & Co. KGaA, Hamburg.
www.zsverlag.de | www.facebook.com/zsverlag

# Ab heute...
# ...gaaaanz entspannt!

**Kim Fleckenstein**
**Ab heute lass ich endlich los**

14,99 € [D]
ISBN 978-3-89883-730-0

**Kim Fleckenstein**
**Ab heute stresst mich gar nichts mehr**

14,99 € [D]
ISBN 978-3-89883-545-9

# Komm, liebes Om.

**Jetzt überall, wo es gute Bücher gibt.**